福冈县福冈塔

长崎纸灯笼

大分县别府温泉

熊本城堡

鹿儿岛樱岛火山

冲绳岛国家自然公园万座毛

香川县濑户大桥

爱媛县今治城堡

细说日本

南

［日］岩中祥史 著
高照慧 译

当代世界出版社
THE CONTEMPORARY WORLD PRESS

图书在版编目（CIP）数据

细说日本.南/（日）岩中祥史著；高照慧译.--北京：当代世界出版社，2017.10
ISBN 978-7-5090-1272-7

Ⅰ.①细… Ⅱ.①岩…②高… Ⅲ.①日本—概况 Ⅳ.①K931.3

中国版本图书馆CIP数据核字(2017)第230656号

书名：细说日本·南
出版发行：当代世界出版社
地址：北京市复兴路4号（100860）
网址：http://www.worldpress.org.cn
编务电话：（010）83908456
发行电话：（010）83908409
　　　　　（010）83908455
　　　　　（010）83908377
　　　　　（010）83908423（邮购）
　　　　　（010）83908410（传真）
经销：全国新华书店
印刷：北京华联印刷有限公司
开本：710毫米×1000毫米 1/16
印张：18.75
字数：245千字
版次：2018年1月第1版
印次：2018年1月第1次
书号：978-7-5090-1272-7
定价：45.00元

如发现印装质量问题，请与承印厂联系调换。
版权所有，翻印必究，未经许可，不得转载！

目录

一 · 福冈县　001

二 · 佐贺县　033

三 · 长崎县　055

四 · 大分县　083

五 · 熊本县　107

六 · 宫崎县　129

七 · 鹿儿岛县　151

八 · 冲绳县　175

九 · 香川县　199

十 · 德岛县　221

十一 · 爱媛县　241

十二 · 高知县　263

作者序

本书内容介绍了九州地区（八个县）和四国地区（四个县）的十二个县。九州地区因离大陆较近，所以开发较早。据现存史料记载，自两千多年前便有中国人和朝鲜人移居至此。

不过这里与京都、大阪、奈良不同，从未作过日本的首都。最多也只是曾在现今福冈县内设置过与大陆进行外交的太宰府。除此之外，这里一直都作为"地方"区域。

从另一个角度来讲，也正是因为这里与政治圈无缘，所以人们在这儿讲话无需分人前、人后。可以说，这里很少有表里不一的人。这也是和东日本绝对不一样的地方。在这一点看，这里的人们很容易相处。另外，这儿自古便与大陆有交流，自根儿里就带有国际范儿。

这里气候温暖，阳光明媚，充满朝气，对前来观光的人来说十分难得。当地人待人接物礼貌温柔、宽厚大方，即使是外国观光客，在这儿也会感到身心愉悦。

然而，单就"九州"这个名称而言，有时会让人在民族归属上感到有些不够清晰。其实九州北部的福冈县、佐贺县、长崎县、大分县一带都属于大和民族。

九州南部的宫崎县、熊本县、鹿儿岛县原来是其他民族（熊袭）的栖居地，因此，这些地区的人们在想法上多少不同于大和民族。

远离大陆的冲绳县与九州的其他地方完全不同，可以说是属于南方系。冲绳历史上被称作琉球，从14世纪开始便与中国有贸易往来。从大陆移居来的人也不在少数。尤其对中国长江以南的人有着自然的亲近感。

九州东部的四国，虽然都是些小岛，但岛上的四个县各自都独具风格。

高知县的居民，不仅在四国，在整个日本，都是极具独特气质的。高知县人能喝酒，是其他地区所不能及的，且那里的人们喜爱争论。

香川县、爱媛县一年四季中晴天多，日照时间长，也许是受了濑户内海的影响，那里的人们性情直爽。

另外，德岛县的许多方面受爱知县的影响，而具有着悠久的历史。

一 福冈县

九州岛上最大的县,有着"食在福冈"之美名。

简　介

对于"日本的三大城市是哪里？"这样的问题，福冈市民通常会认真且毫不犹豫地回答："福冈啊，然后是东京和大阪。"这并不是要迎合对方，但听者也会这样认为。恐怕这不单单是因为福冈在政令指定城市（日本基于《地方自治法》，由政府行政命令指定的城市，其基本条件为全市人口需超过50万以上。——编译注）中人口增加率居高不下的缘故吧。

尤其是福冈县自身的宣传力度较大。拥有近850年历史的"博多港节"，表演人员能达三万人，他们身着各自独具特色的衣装，在福冈市的中心街头唱歌、跳舞、演奏乐器，进行个性十足的表演。孕育在这个日本最古老的国际都市里的那份荣耀，让他们每个人都是那么的自信满满。

的确，博多港口自1500年前就与中国、朝鲜乃至越南、菲律宾、泰国等国家有着各种交往，即使现在也能从这里乘船去韩国购物，甚至坐飞机都比从东京飞上海近。

当然，福冈县并不是只有博多，还包括旧时城下町（江户时代，以大名居城为中心的市街——编译注），氛围十足的北九州，略显直率的筑丰，踏实、勤奋的筑后，这四个地区都有着其他地区的日本人所缺少的国际范儿。

福冈县的与众不同：

　　①人均电影院数量居日本第一。

　　②移动式售货机占全国四成。

福冈县的地理状况和自然气候

位于九州北部的福冈县由旧国名为筑前、筑后两地及大半个丰前组成。县政府所在地福冈市人口约 156 万，是九州最大的城市。福冈县内有两个政令指定城市，即福冈市与北九州市，且福冈县也是除首都圈、中京圈、近畿圈这三个所谓"三大都市圈"之外，日本唯一一个人口密度超过 1000 人／平方千米的县。

福冈县北临日本海（响滩、玄界滩），东朝濑户内海（周防滩），筑后地区相邻有名海。

福冈县的中心部筑紫山地绵延起伏，筑后川、矢部川、远贺川流域，以及东北部的宗像地域、东部的京筑地域，都是辽阔的平原。

县内的气候根据地域不同分为四大类。

福冈市及北九州市所在的对马海峡沿岸与关门海峡沿岸，冬天日照时间较短，这一点与日本海沿岸气候相近，但降水量很少，这与日本海沿岸又有着很大的不同。这里虽然气温不低，但西北风较强，加之日照时间短，所以尽管纬度不高，但很寒冷。另外，这里还经常出现飓风、强降雪等天气。

平原地区虽然少有积雪，但脊振山地周边有时积雪也能够达到60厘米—100厘米。这里的夏天既会出现35℃以上的高温天气，也会出现因受热岛现象影响而产生的热带夜（当日最低气温为25℃以上的夜晚——编译注）。

久留米市、饭塚市、八女市等所在的筑丰与筑后这两处的内陆地区冷热变化较大，降水量多在1800毫米—2400毫米。尤其是较为活跃的梅雨末期，常见暴雨。这里的夏季气温较高，常见温度超过35℃的高温天气；冬季寒冷，是福冈县内最容易积雪的地区。在平均海拔一千米的筑紫山地英彦山的周围，时常会有60厘米—100厘米左右的积雪。

大牟田市、柳川市位于筑后地区，有名海沿岸属于太平洋气候，虽降水量与县内其他地域相比较少，但这儿集中了梅雨时节三分一的降水。这里虽然常年比较温暖，但冬季也有不少时日温度低于零摄氏度。只不过就算偶而会降雪，也几乎没有积雪。

福冈县相关数据：

面积：4,986.40平方千米

总人口：508,022人（截至2016年10月1日）

人口密度：1,020人／平方千米

相邻都道府县：佐贺县、熊本县、大分县

福冈县人的性格特点

福冈的"陷阱"

福冈北临日本海（玄海滩）、东接濑户内海（周防滩）、南临有名海，也许是因为三面环海，这里的居民大多开朗、爽快，做事不紧不慢。但如果认为福冈市就是福冈县，恐怕就大错特错了。

一般来说，县名与县政府所在地相同的县市容易产生这样的误解，如青森县、山形县、福岛县、京都府等。而且福冈市与福冈县之间的差别远远大于其他县市。

正因为有福冈市，很多福冈县的民众认为整个福冈县的文化水平非常高。不知是否这个缘故，也有不少人认为邻近的佐贺县如同是福冈县的从属地。

若仅认为佐贺县是自己的从属地也就罢了，甚至有人觉得整个九州都是福冈的从属地。因为这里曾设置过太宰府，所以只有这里的民众会有错觉，认为这里从太古时期开始就与国外有着国际性的交流。

实际上，福冈县、佐贺县、长崎县、鹿儿岛县、冲绳县这几个县在对外交流上基本旗鼓相当，只不过他们的差异在于是否将其作为文化财产来经营罢了。在这一点上，也许福冈县确实比其他县做得好。

另外，博多因为是纯粹的商业城市，所以给人以繁华的印象，但如果综合医院、学校来考虑的话，可以说这儿远不及大分市（曾是丰后府内）。

这几十年，福冈市已是整个九州的中心城市，它大概是要把福冈县作为自己助跑的第一棒，认为自己必须具有更广范的视野，否则会让自己掉价。

无论筑前的经济怎么不景气，生活困苦，当地人依旧在玩乐上几近奢华，毫不吝惜金钱。这就是他们的风格。而且他们不像爱知县人那样只热衷关注被媒体报道的事情，而是对真正有价值的事物、将来定能被人们爱戴的事物独具眼光。这种远见在47都道府县中恐怕也是数一数二的。

福冈市风头正盛，与之相比，北九州市则受损不少。确实，北九州市的第二产业（工业）整体下滑，人口也逐年减少，可以想象它今后在实现经济再发展的路途上势必难行。但当地人民风淳朴，喜欢新事物，对玩乐有着极大的热情，想必只要他们能将自己骨子里的特性发挥出来，探究致富之道，那北九州的复出也不是没有希望。

其实强制性地把三个气质完全不同的地区放在一起组成一

个县，他们貌似会有各种争执和摩擦，但事实上却并非如此。这里的人们自2000年前就已与中国、朝鲜、东南亚等海外的国家进行接触，这些争执与摩擦于他们算不了什么。

但九州人的大方、粗线条，令人不得不注意。对县外的人来说，最好还是多了解下福冈县三个地域的民众特性，特别是在筑丰、北九州，比较忌讳过高评价福冈市人。

喜欢休闲的筑前人

筑前，指的是以福冈市为中心的福冈县西部地区。福冈市由城下町的旧福冈部与商业城市的旧博多部组成。

土生土长的城下町人有个显著的特点，即总是拜大派头。但福冈因为与自古就和海外有贸易往来的商业城市博多接壤，所以其实也没有太过张扬，且孕育出了独特的繁华氛围。这里的人们为让自己过得更充实而努力工作。他们在这一点上想法明确且一致。

大部分的日本人，比起玩乐更注重工作。他们基本都是根据工作时间安排自己的事情或娱乐，如果有急事，也会改变自己的安排，牺牲休息时间投身工作且毫无怨言。他们有很多人因为与家人或恋人约好出行但因工作上有急事而不得不改变计划，所以时常被责骂。

但是筑前人的生活状态看上去就是以休闲为中心制定自己的生活计划。他们给人的感觉就是为了要舒舒服服过个周末，而在工作日辛苦工作。

福冈有一些诸如"博多祇园山笠""博多港节"等有名的祭祀节日，当地人每年都很重视这类节日。这可能与他们近2000多年来一直与海外人接触有关，难免受文化影响。

他们通过与中国、朝鲜半岛等亚洲地区——那里也多少受了欧洲的影响——的交流认识到，人生的乐趣是在于能否让自己的生活过得充实。工作，说到底不过是为生活获取必要金钱的手段。另外，他们很多人擅长玩乐、说俏皮话，这大概也是因为在与外国人的交流中揣摩出自己独特的风格吧。

提到祭祀节日便少不了酒，筑前人平时就经常饮酒。在福冈，十多年前就有父母带着孩子去烤鸡肉串店或酒家。喜欢节日、喜欢喝酒，这些都会让花钱变得"豪爽"。因此，他们不善于有计划性地做事，很难将一件事一直踏踏实实地做下去。

这里的完全失业率位居全国第三（2015年数据统计），离婚率高达第五名（2014年数据统计），每个家庭的收入及个人存款数几乎是全国倒数几名，这都是他们对休闲态度的证明。

是青壮年男人可以正经取乐的城市

可以说，在福冈从年初到年尾一直都有祭祀节日，其中最让男人们热情洋溢的是从7月1日至15日的"博多祇园山笠"节。这个节日竟持续半月之久，仅这一点就足以让人惊叹。可更让人吃惊的是，为了准备这个节日，当地男人们不顾工作，从6月份就开始准备，直至活动当天。

不管是什么地方的祭祀节，基本都会定好一天的流程安排，但实际上很多时候会考虑到观光客及参与者的情况，在活动前一个周六日时便开始了，但"博多祇园山笠"节一直遵守着从7月1日到15日举办的传统。

"山笠"节的主题是当地人为一年不感冒、身体不垮掉的健康而做出的努力。另外，为配合"山笠"节，有的工薪阶层会有带薪休假。因为这是一年之内最重要的活动，不是谈工作的时候——这应该就是他们的心声吧。

节日的最后一天（7月15日）"抬山笠"（一种多人抬的大型花车）原则上是由当地人来做的，但也有人因工作调动来福冈生活时为山笠的魅力所倾倒，即使会被调去别处，在节日当天时也会抬着山笠返回福冈。无论住在何处，都无法忘记那种熔岩般的兴奋。——"山笠"节总是牵动着人们的心。

全国各地的祭祀活动有很多，但让成年人而且是正值盛年的男人们能够如此认真投入的祭祀节日，也只有这里了。

扎根传统的 OJT 力量

筑前人常常意识到的不单单是日本国内，还有海对面广袤的中国、朝鲜半岛等亚洲各国的存在。远在有正式的交流记录之前，他们就与亚洲各国进行了接触，他们一定见过了也经历了之前从未见过的、经历过的事情。

其中就有很多靠他们之前的经验及价值观很难推测的事情。有一点就是，他们必须自己判断一件事物是否有价值，是否为他人所需要。这在某种意义上就是宝贵的 OJT（职场内培训）吧。

而且，这是一段漫长的时间，他们能够充分地认识世界，获取在日本国内很难知道的情报。因为他们与在语言上、生活习惯上、文化上都与不同的人进行接触，所以这也让他们即使遇上一些事情也不气馁，胆子越来越大。

他们自认为是九州的代表

福冈市内的旧福冈部（由中洲向西）是城下町。那里的历史始于黑田长政。黑田长政在关原之战中获胜，并被赐予筑前福冈藩，他便在此处建立了城下町。有了城池保护的市井，往往会出现很多有派头的人物，福冈也不例外。

只是这里自古与海外的交流甚多，又与常吸取外来新文化的商业城市博多接壤，所以使得这儿发展成了一个非常有气质的城市。

或是福冈莫名的自信，让他轻视其他的九州各县，这在前面我们已做介绍。在这方面，筑前人好像也有很强的倾向。

据说，福冈县的邻居佐贺县在制定飞机场的建设计划时，打算将其命名为"九州国际机场"，对此福冈表示了不满。可能是他们觉得能代表九州的只有福冈吧。这是不是也太有些孩子气了呢？

诚然，福冈市人口中，学生人数（大学及短期大学）的比例较高，仅次于京都市、东京都区辖部分，而且九州各地的年轻人都集中在此，让这儿充满了活力。可能受此影响，就算是已过中年的人也都精神满满。这也许是能让他们有种一统九州的感觉吧，但也不能就此认为他们在对其他县显摆自己的优越感。

从福冈县之外的人的角度来看，他们这都是五十步笑百步，没有什么区别。在九州，无论怎样竞争，对东京人来说，福冈县并不是什么特别的地方，他们甚至对京都人都没什么兴趣。

认真且勤劳者较多的筑后

在福冈县，数筑后地区认真工作的人最多。

这块区域包括久留米市、柳川市、八女市，九州最大的河流筑后川流经这里的中心地，过去曾多次泛滥。据记载，从1573年至1889年的三百多年里，这里竟爆发了183次洪水。

人类根据自己的情况，按照自己的意愿改变自然，本来就是不合理的，而这里的人们多次在灾害发生时，致力于修复自然。因此，自然造就了他们埋头苦干的韧劲、对突发事件的高度警觉和对金钱的把控能力。

筑后人民的认真态度曾被写入NHK国民意识调查中。就认为"不能说谎"者的比例，从全国来看有68%，福冈县有71%，而单单说筑后地区则有78%以上。

值得注意的是，认为"赌博是坏事"的人的比例，全国平均有44.2%的人认为赌博是坏事，而在筑后对此事的看法男女差别较大，有35%的男性认为是坏事，低于全国平均比例，而认为赌博是坏事的女性达到了60%。

这可能与筑后地区有从丰后延伸过来的筑丰煤田有很大关

系。太平洋战争结束之后至1950年，在煤田工作的男性都有着阔绰的玩法，当然有时也会因为赚不到生活费而使得女人们不得不为生计发愁。因此，她们认为酒自不必说，赌博更是不被允许的。这一点已很明显地体现在了调查结果数据上。

由女性支撑的筑后

筑后的代表性产业应该是棉质的久留米花纹布。相传距今二百多年前，有一位十二岁的少女名叫井上传，她注意到自己身着的旧衣服褪色，从而褪出了白色斑点。据说，这就是最初的久留米花纹布。

在此事上得到启发的井上传，在将棉线染成蓝色之前，将其一部分困扎在一起，既是为留下白色印记，同时她也是在设计通过纺织浮现出独特花纹的技法。经过织机改良及各种努力，一时间好像筑后地区所有的农家都把纺织久留米花纹布当成了副业。

因为藏青地碎白花纹布的强韧、朴素美观以及它的古朴素雅，自明治时期（1868年—1912年）起，就作为普通百姓的衣料在全国普及开来，现在由于手工制作复杂，被当作高级布匹。

久留米花纹布的制作从"用手捆"这样的细小活儿到染出纯正的蓝色，需要染三十次以上，只有经过这样复杂的工序才能做出这样的布匹。如果没有筑后女人们与生俱来的认真劲儿，是做不出来这样花费精力的布匹的。

豪爽的丰前男人

曾经福冈县东北部的北九州市（小仓、门司）周边，是丰前国，是连接本州和九州的所谓的九州玄关口。这里的公路、铁路都是从本州最西端的山口县出来进入到九州最北端的北九州市（门司），然后再南下至鹿儿岛。

生活在这里的人们，日面对着风平浪静的濑户内海，所以养成了开放的性格。尽管这里已没有了往年的风貌，但曾是城下町的小仓还很是保守，而其他地方多是渔村，那里的人们虽性格爽朗但多少也有些粗鲁。

在日本，最早发现煤炭的时间是1469年，据说煤矿的位置是位于现在的世界文化遗产一部分的福冈县三池煤矿周围，也有记录说是在此10年之后的筑丰也发现了煤矿。实际上，开始使用煤炭是在这之后很久的事，明治以后，煤炭能源支持了日本的工业化。

筑丰正式开采煤炭开始于1872年，之后便作为国内首屈一指的煤田快速发展起来。

矿工们的工作不仅要求身体强健，而且精神也必须是坚韧的。正因如此，他们的嗓门大、语言和行动粗鲁。虽是辛苦的工作，但这份辛苦让他们较有社会声望。为缓解（说是缓解，实际上是近乎"麻醉自己"）疲劳困顿的身体，很多人对喝酒赌博特别着迷。

也许他们并没有考虑到煤矿有一天会枯竭，没有攒钱，也没有危机感，而是将所有到手的钱都花光殆尽。顺便说一下，这里的人们的生活方式"川筋气质"被世人所知，多是因为五木宽之的小说《青春之门》。

"川筋气质"中的"川"指的是将筑丰煤田挖出的煤炭运送至现在的北九州市若松区某一港口的远贺川。矿工们干活麻利且少有怨言，只图一时快活的煤矿工人的气质也和煤炭一起被运走了。

在这里也有很多与此相配套的"舞台装置"。小仓竞马、若松竞艇、小仓竞轮、饭塚竞轮等，都是国营的赌博场所。福冈县内共有七处国营赌博场，其中有四处都集中在丰前地区。

虽说丰前有七处赌博场，与东京都一样多，但考虑到东京都的人口是福冈县的2.4倍，就可知福冈民众是有多么喜欢赌博了吧。（顺便说一下，日本赌博场最多的是爱知县，共有八处。）

北九州市最早的赛马竞赛是在一百年前，小仓也是自行车竞赛的发祥地。这里的人们对赌博如此的宽容，并不是毫无道理的。

现在已无法想象，在煤炭最鼎盛时期。男人们的玩乐方式都是十分豪爽的。可以说，赌博场上总是挤满了怀揣大把现金、大声叫喊的男人们。

《新人国记》中有着相关记载，其大意为："此地区的风俗外表粉饰的太多，而人心各异。虽有一时之勇，但多是摆设，终究无事可成。只有九州是个少见的奢华之地，好酒色之人居多。"

总之，有些福冈人过于虚荣，便很难对一件事从一而终，由此也诞生了很多赌徒及能言善辩之人。

福冈县的重要数据和知名人士

福冈县在日本名列第一的几个领域

领域	数值
烤鸡肉串店铺数（2013年）（每10万人）	37.48家
鸡肉消费量（2013年）（每户）	19,288克
宠物寄养店店铺数（2014年）（每10万人）	7.06家
竹笋生产量（2013年）	5,613吨
衣柜发货额（2014年）	6,520百万日元
橡胶底布鞋（旅游鞋）发货额（2012年）	3,565百万日元
国外航线年客流量数（2016年）	1,693,000人

注：数据来源于《从各都道府县的统计及排名看县民性》，后同。

福冈县出身的名人

政界

　　麻生太郎（饭塚市）

　　野田圣子（北九州市）

　　井上贵博（福冈市）

　　鬼木诚（福冈市）

　　古贺笃（福冈市）

　　三原朝彦（远贺町）

　　绪方林太郎（北九州市）

　　山本幸三（行桥市）

　　武田良太（福智町）

　　富冈勉（中间市）

　　江田康幸（八女市）

　　滨地雅一（福冈市）

　　高木美智代（北九州市）

　　藤野保史（福冈市）

　　松山政司（筑上町）

　　野田国义（广川町）

　　药师寺道代（久留米市）

　　神本美惠子（筑前町）

　　大岛九州男（直方市）

河野义博（福冈市）

仁比聪平（北九州市）

古贺之士（久留米市）

大家敏志（北九州市）

高濑弘美（饭塚市）

江崎孝（柳川市）

商界

石桥正二郎（久留米市），普利司通轮胎创始人

出光佐三（宗像市），出光兴产创始人

岩垂邦彦（都町），日本电气股份有限公司创始人

江头匡一（久留米市），皇家连锁餐饮创始人

日比翁助（久留米市），三越创始人

文化界

中岛义道（北九州市），哲学家

栗原隆司（太宰府市），摄影家

大前研一（北九州市），经济评论家

赤川次郎（福冈市），作家

五木宽之（八女市），作家

梦野久作（福冈市），作家

演艺界

原徹（北九州市），动画制片人、艺人

草刈正雄（北九州市），演员

妻夫木聪（柳川市），演员

牧濑里穗（福冈市），演员

吉田羊（久留米市），演员

藤吉久美子（久留米市），演员

吉濑美智子（朝仓市），演员

森口博子（福冈市），歌星

椎名林檎（福冈市），原创歌手

财津和夫（福冈市），原创歌手

木村和（福冈市），原创歌手

井上阳水（饭塚市），原创歌手

大川荣作（大川市），歌手

德永英明（柳川市），歌手

香田晋（北九州市），歌手

山内惠介（系岛市），歌手

松田圣子（久留米市），歌手

武田铁矢（福冈市），歌手

柴田秀之（北九州市），歌手

酒井法子（福冈市），歌手

丰田一幸（福智町），艺人

体育界

田中贤介（筑紫野市），北海道日本火腿斗士队

古本武尊（福冈市），中日龙队

村田修一（篠栗町），读卖巨人队

久保裕也（福冈市），横滨海湾之星队

赤星拓（福冈市），鸟栖砂岩足球俱乐部

城后寿（久留米市），福冈黄蜂足球俱乐部

末吉隼也（北九州市），福冈黄蜂足球俱乐部

五郎丸步（福冈市），日本橄榄球

福冈县特有的风味美食

蒸鳗鱼

生活在有名海与矢部川交汇处的汽水域（海水与淡水的混合水海域）的鳗鱼，叫作"柳川鳗"，它的美味为世人所知。1863年柳川出身的本吉七郎兵卫对在江户十分有人气的烧鳗鱼很感兴趣，在多方尝试摸索之后，做出了"蒸鳗鱼"。

其做法是：把涂满佐料汁的米饭放在蒸笼中，上面放上烤好的鳗鱼，再开始蒸。鳗鱼因为烤了之后再蒸，所以做成之后味道鲜美，口感酥软。

佐料汁的味道中有独特的甜味，其秘诀在于麦芽糖。像"元祖""本吉屋"这样的招牌店，在柳川使用"大松下麦芽糖"的历史就有130年了。麦芽糖的特征不仅在于甜味，而且还能用它做出酱油糖汁。此外，各个店铺在佐料汁的浓度上都各有特色，对比着吃也不乏是一种乐趣。

鸡肉氽锅

鸡肉氽锅据说是源于中餐鸡汤的做法,是博多的著名小吃,在当地叫法稍有不同。鸡肉氽锅的材料选用的是博多本地的小公鸡,在味道上被赞为绝品。

鸡肉氽锅汤白肉嫩,鸡肉的鲜美完全溶于汤中。吃客吃完配菜再在锅里放入年糕或乌冬面,最后再品尝"具有茶泡饭感觉的汤盖饭",据说这种享受美食的做法是吃货们的一致选择。

芝麻青花鱼

这是一种在全国都能吃到的青花鱼,做法有盐烤、酱炖、油炸等,用任何方式做熟了都能吃,即使蘸着醋生吃也可以,只是很少人选择生吃的吃法。但是,在福冈县,青花鱼就可以做成刺身吃。

在沾了佐料汁的青花鱼刺身上撒上切碎了的葱或研碎的芝麻,这种做法做出来的青花鱼叫作"芝麻青花鱼"。在盛产新鲜青花鱼的福冈,这也是一道人间美味。

OKYUTO

这是一道福冈市民的私房菜,也可写成汉字"救人""浮太""冲独活"。

它是将一种叫作牛毛石花菜的海藻煮熟化之后,做成的像凉粉一样的食物。吃的时候,切成条状,放入生姜、酱油和味精等。

有说，从江户时代开始就有这种做法，贝原益轩编纂的《筑前国绪风土记》中也有记载。

内脏锅

内脏锅起源于福冈、博多，1990年时开始风靡全国。其最初做法是将动物内脏和韭菜放在铝锅里煮，酱油味较浓。

也可以用香油炒辣椒，再将其放入动物内脏后加入调味料和葱，做成日式牛肉火锅的样子。

还可以用鲣鱼、海带熬成汤汁，用酱油、豆酱调味，并在里面放入预备好的动物内脏和大量的韭菜、圆白菜。为了消除内脏的怪味，一般会再放些大蒜进行炖煮。另外，根据食客们

内脏锅

的口味也可放入辣椒。吃完配菜后的汤汁，还可以用来煮面。

这道菜虽是火锅料理，但很多餐厅做这道菜时都不使用瓦锅，而是用两侧有把手的浅底不锈钢锅。

如今，虽然内脏锅已经没有从前那么受欢迎，但在福冈、博多还是有很多人喜欢吃。

辛子明太子

将明太鱼的卵巢用辣椒腌制作出来的食品，就是"辣味明太子"。最初，据说"黄线狭鳕鱼"的汉语意思就是"明太鱼"，所以"明太子"的意思就是鳕鱼的卵巢。

关于辛子明太子的产生有着各种说法，其中之一就是认为它是当地人从韩国泡菜那儿得到启发，将鳕鱼的卵巢进行腌制。

另外，也有人说在太平洋战争中，人们将明太鱼用辣椒腌制后带到其他地方食用。

战后，以福冈博多地区为中心制作的所谓的"地方特色食品"辛子明太子在全国出售，多是因为1975年山阳新干线延伸至博多的缘故。此外观光客人或商业人士作为"土特产"也开始购买此食品，这些都有力地促使了当地工厂将销路推广至东京。

还是很想在原产地福冈、博多吃上既可当下酒菜也可配米饭吃的美味明太子。

中国游客不可错过的福冈县景点

旧龟石坊庭园

旧龟石坊庭园坐落于添田町海拔1199米高英彦山的半山腰上。据传它是由室町时期远去中国留学归来的画僧雪舟于1479年建造的。这位画家因画作具有中国风而闻名,《四季山水图》(山水长卷)、《秋冬山水图》、《天桥立图》等都是他的代表作。

雪舟从中国回国后,长期居住在丰后。旧龟石坊庭园是他在偶遇英彦山的行者,并被邀请至龟石坊且在那里居住时建造的池泉鉴赏式庭园,占地699平方米。因这块地的东侧高出一层,雪舟便利用西南方向的斜坡做了假山,并在山脚下挖了水池。

庭院里长满青苔的岩石和参天古树,能让人感受到它的悠久历史。1928年这里被定位国家级名胜古迹。

鱼乐园

这是位于川崎町内的日本庭园,据说也是由雪舟建造的,是日本的名园、国家级名胜古迹。

该庭园以自然山脉为背景,在中心地挖出水池,搭建了三座石桥。庭园四周种有杜鹃、红叶、山茶等四季特有的花,建造者为这里常年都有可欣赏的自然景观而下足了功夫。

鱼乐园这个名字是汉学家村上沸山命名的,源于《诗经》中的"鱼乐人亦乐,人乐鱼亦乐"。

镇国寺

在宗像市吉田、宗像神社的东侧有一座名为真言宗的寺院,山号屏风山。

据说空海(弘法大师)在随遣唐使的船去唐朝,途中遭遇强暴风雨,而当他向海洋守护神宗像三神祈祷时,海面上出现了不动明王。不动明王右手持利剑将海浪左右劈开,随即暴风雨停止了,空海得以平安到达唐朝。

之后,空海从长安(今中国西安)青龙寺惠果阿阇梨那儿得到真言秘法,并于806年回国,参拜宗像大社。据说他当时在屏风山看到祥云时,便在庭院最里面的岩洞中祈祷,忽闻有个声音说道:"此处是灵地,正是镇护国家的根本道场。"于是他就将此处命名为屏风山镇国寺。

寺内有梅花、樱花、山茶花、杜鹃花、石楠花、绣球花、菖蒲、橐吾、彼岸花等争相开放，所以这里也被称为"花的寺院"。

童男山古坟

在八女市山内的童男山山顶（海拔约 100 米）有座古坟，直径约 48 米，被认为是日本为数不多的巨大古坟。这些古坟建于 6 世纪的后半期，是横穴式石室，其内部还留有朱漆的痕迹。

也有人说在秦始皇时期，徐福为探寻长生不老药，从中国率人东渡日本，这座古坟便是徐福一行人的坟墓。每年的 1 月 20 日徐福忌辰这天，附近的小学生们便会组织祭祀活动。

九州大学

被称作"中国革命之父"的孙文，曾于 1913 年在当时的九州帝国大学（今九州大学）演讲。那时留存下来的"学道爱人"的字幅，就悬挂在福冈市九州大学校长的办公室内。另外，他也拜访了大牟田市的三井工业学校（今福冈县立三井工业高校），并写有"开物成务"四个大字。

孙文造访福冈，像是要为曾在自己亡命日本时给予自己帮助的平冈浩太郎扫墓，但他也考察了明治专业学校（今九州工业大学）、当时的八幡制铁所、三池煤矿等地。

2016 年 10 月孙文诞辰 150 周年，九州大学举办了"日本乔纳森・昭伊文化馆"的开工仪式，中日两国约 100 名相关人员出席了该仪式。

灵严寺

灵严寺是临济宗妙心寺派的寺院，位于八女市黑木町笠原境内。

据传荣林周端从明朝回国，看到此地风景与中国的灵严寺相似，便在此处开山建寺。寺内有一块被福冈县政府指定为天然纪念物的奇石。据历史记载，荣林周端还是八女茶的创始人。

与中国省市结成友好城市的行政自治体

福冈县——江苏省

1992年4月,时任中国共产党总书记的江泽民主席访问福冈县。同年11月,代表福冈县知事的使节团访问了江苏省,并与江苏省省会南京市签订了友好城市协议。

1997年,签订友好城市五周年,双方在确认继续合作的基础上又制订了包含民间在内的更广泛的友好交流措施。之后,双方互派交流团、技术研修人员及进行高中生的体育交流活动,尤其是中高学生在围棋上的友好交流等。

北九州市——大连市(辽宁省)

在1972年中日恢复邦交之时,北九州市为促进和中国的友好交流,希望与中国屈指可数的工业城市旅大市(今大连市)结成友好城市。第二年中国大使馆、中日友好协会向旅大市提出申请,双方在文化及人事上做进一步的交流。1978年,中日签订和平友好条约，使得结成友好城市有了新的进展，1979年日本收到中国大使馆的正式决定，同年5月，与大连市正式签订友好城市协议。之后，双方结成友好港口，并召开了东亚（环黄海）城市会议，在环境技术商业等多领域进行了友好交流。

福冈市——广州市（广东省）

港湾城市福冈市自1973年起，就希望与广州市缔结友好城市关系，并向广州市及相关单位表明了这一想法。广州市是世界知名的广州交易会的举办地，极富魅力。因"绿组希望活动"，双方于1975年5月签订友好城市协议。1980年，广州动物园的两头大熊猫（25岁的雄性大熊猫珊珊和17岁的雌性大熊猫宝玲）作为友好亲善大使，来到福冈市动物园。它们在日本展出两个月，参观者超过了87万。

大牟田市——大同市（山西省）

大牟市和大同市结为友好城市最先始于1978年10月，大牟田市的三井三池制作所接受向大同市云岗煤矿出口挖采设备的订单。通过煤矿技术研修团的来访，两市的关系逐步加深。1979年8月，当时的大牟田市市长秉持"加深同是煤炭之都的两个城市友好交流"的目的，访问了大同市。1981年5月，双方在大同市进行了友好城市协议的草签。同年10月，双方市长在大牟田市正式签订了友好城市协议，并立誓"子子孙孙世代友好"。

两市之间的友好交流，除了互派代表团，还互派农业、医疗、酒店管理等领域的研修生，以及大同市歌舞团公演、书法展、物产展览、美术展、友好学校的缔结等，双方在各方面进行交流。

久留米市——合肥市（安徽省）

久留米市政府认为中国是"了不起的邻居"，并于1971年举办了"中国物产展"，1972年又举办了"久留米中国展"。1978年、1979年，久留米市以"学习中国"为目的，派代表团访问中国，从尊重对方入手建立友好关系。1979年，中国的"中日友好之船"来访久留米市，双方以此为契机开始人事交流，随着时间的推移，双方的交流日渐增多。

因在城市形态上久留米市与合肥市相似，于是选中合肥市作为友好城市，并对中日友好协会、中国驻日本大使馆等表达了这个愿望，也向合肥市革命委员会主任表达了同样的意愿。1980年4月两市市长进行会谈，决定签署友好城市协议，同年5月双方正式签订友好城市协议。

系岛市——上海市青浦区

这两个地区成为友好城市的契机，是1992年实施的中日友好协会系岛支部与上海市青浦区的交流。之后，1994年同支部派遣中学生友好访问团来青浦区访问，同年9月同区友好访问团、1995年8月同区中学生友好访问团均进行了访日活动等，双方多次进行互访。之后，伴随着双方每年的交流，对彼此的理解也不断加深，1988年8月双方签订了友好交流协议。在此基础上开始了中学生间的互访交流，系岛市每年都接待青浦区人民政府访问团、人民代表大会访问团等。

广川町——苏州市沧浪区（江苏省）

大约600年前，荣林周端为修行来到中国的苏州灵严山寺，并将茶叶的种子带回日本，这就是八女茶的起源。1993年广川町町长、町议会议长受沧浪区的邀请，访问了沧浪区，双方就友好交流进行协商并达成协议。同年，双方正式签订协议。之后1998年，双方开始了中学生的交流活动等，友好关系一直持续。2012年沧浪区与平江区、金阊区合并成为姑苏区。

二 佐贺县

日本的"陶瓷工艺之乡"。历史文化底蕴丰厚,文物古迹众多。

简 介

在九州、冲绳，人口最少、人民最质朴的县就是佐贺县。在这里，度过自己最多愁善感时期的艺人花轮（原名花轮植树），在歌里自虐式地唱着"一无所有"。其实这里并没有那么凄凉。

据说佐贺县的吉野家里遗迹是日本最早的城郭。若想到这里距离朝鲜半岛仅200公里的话，也就没什么大惊小怪的了。

佐贺县县民的独到之处，不仅仅是能吸取新鲜事物，更多的是他们有着努力把新事物的质量不断提高的韧劲儿。明治时期，推进明治维新的四个藩是萨长土肥，其中的"肥"就是肥前佐贺藩。据说他们就是以当时的制铁技术锻造出的军舰、大炮等装备，以防御萨摩藩（鹿儿岛县）。

佐贺县虽是个不大的县，但北部的唐津市等相邻玄界滩（日本海），南部的佐贺市等相邻有明海，南北两地民众气质差别很大。

北方人性格开朗，较为开放；南方人做事一丝不苟，不善心计。但也许是江户时代（1603年—1867年）的藩主锅岛氏在位时，对藩民的心思了如指掌的缘故，那里的人们对上级出乎意料得绝对服从；另一方面，他们有很强的正义感，对不合常理的事情或坏事决不妥协。说起来，历史上独立于政治建立日本第一所私立大学——早稻田大学的大隈重信就是佐贺人。

佐贺县的与众不同：

①海苔养殖量居全国第一。

②日本银行总部、东京站丸之内的设计者辰野金吾出生于唐津。

佐贺县的地理状况和自然气候

佐贺县位于九州西北部，其县政府设立在佐贺市。县区的形状近似一个有凹凸的倒三角。西北部是里亚斯型海岸与带有海滨沙滩的玄界滩，东南部是有着滩涂与排水造田地的有明海。县内有以盛产陶瓷而闻名的唐津、伊万里、有田等城市。

在九州的七个县中，佐贺县人口最少，面积最小，但人口密度高居第二，在全国排名十六。

因为历史上将佐贺藩与唐津藩分为两大藩，所以现在佐贺县分为以唐津市为中心的西北部和以佐贺市为中心的东南部两部分。

从有明海沿岸沿筑后川一带是广阔无垠的佐贺平原，从玄界滩至平原西侧是丘陵地带。东北部是隔开福冈县与佐贺县的脊振山地，西南部是紧挨长崎县的多良岳山系，这些都是海拔1000米的山地。

佐贺县的人口集中在佐贺市（约24万）、唐津市（约13万人）、鸟栖市（约7万人）等，其中有一半人口生活在占佐贺县面积三分之一的佐贺平原地区。

佐贺县内耕地面积占总面积的40%，这几乎是全国耕地面积比例的两倍，所以这里总是给人以广袤的印象。

佐贺县气候为太平洋气候，比较温暖，但冬天十分寒冷。2016年1月份的气温检测结果显示，全县最高温度都在零度以下。

这里的气候共分为平原部、北部、山间部三大块。

以佐贺市为中心的南部平原地带夏季降水量较多，冬季降水量较少，年降水量为1800毫米。夏季炎热，白天气温超过35℃、晚上最低气温超过25℃的时间较长。

唐津市、伊万里市等北部地区，冬季也受季风的影响降水量较多，一年内有多次降雪，但因为是海洋性气候，所以日间温差较小，极少出现猛暑日（夏季温度超过35℃的日子）和零度以下的天气。

嬉野市嬉野地区、佐贺市的三濑地区等山间部分，年降水量约为2400毫米，尤其是夏季雨量较大，气温年度温差与日间温差都较大，冬季十分寒冷，多降雪及霜冻。

佐贺县相关数据：

面积：2,440.68平方千米

总人口：828,803人（截至2016年10月1日）

人口密度：340人/平方千米

相邻都道府县：福冈县、长崎县

佐贺县人的性格特点

是腼腆还是朴素？

佐贺县因县内有几个传统陶瓷器的产地而知名。县内的有田是日本最早的陶瓷器生产地，这里还有与茶道世界齐名的被称为"一乐（信乐烧）二荻三唐津"的唐津烧，以及海外知名度与评价高于国内的伊万里烧。

这里有温泉达人不可错过的嬉野温泉、历史爱好者怦然心动的吉野ヶ里遗迹。这些景点都是佐贺县引以为荣的名胜。

美食"佐贺牛"在品牌牛肉盛行的当下也尽为人知。

但无论是在全国的47县、还是在九州的7个县中，佐贺县都很难被人提起，尽管这里的特产、观光地不在少数，但遗憾的是它的存在感和知名度都较低。难道是因为这个县的什么地方给人以不好的印象了吗？

问道佐贺县的县民性格时，有很多人其实多是其他县的人会马上引用这样一句话："佐贺县的人，所到之处寸草不生"。

他们会带走所有东西，连根草都不剩。这充其量也只能说明佐贺县很穷。但佐贺县有自己真正的历史。

佐贺县在古时叫作"佐嘉"，明治维新时被改为"佐贺"。"佐嘉"这个名称的由来，据说是日本武尊来此地拜访时，看到这里的楠木十分繁茂，便说："这里叫荣之国可好？"

直至现在，佐贺县的代表树木依然是楠木，县歌名为《荣之国》。

为什么佐贺县有这么多值得夸耀的历史却还给人以不好的印象呢？

只有佐贺人才是明治维新的功臣

在日本历史一大转折点明治维新时期，论功劳肥前虽不及萨摩（鹿儿岛县）、长州（山口县）、土佐（高知县），但的确发挥了极大作用。

在《人国记》中有这样的记载，其大意为："两军交战时他们面无怯意……他们非常偏执、怪癖，但因外表貌似温和，所以其英勇也就成了不留情面的血刚之气……他们声音卑劣，风俗同于信州，缺少智慧，但在人心一致上超过信州。"

也就是说，佐贺人虽有勇猛之心但不表现出来，也不会挑起争端。另外，当在场的人意见即将出现对立时，他们会马上从中调停。

他们在引见初次见面的人时，也会不动声色地引出话题，让谈话顺利进行。他们是人与人之间的搭线人，是组织里的润滑油，是不可缺少的存在。

的确，在明治维新时佐贺县能与萨摩、长洲、土佐这三个超个性的藩国并肩作战，想来也是不可思议的。但如果知道佐贺就是拥有这些特征的"肥前"的话，也就没什么不可理解的了。

走错一步，后果不堪设想

如果错误的想法冻结、凝固在一起的话，有时后果会不堪设想。

明治维新后佐贺县也出现了很多人才，如副岛种臣、江藤新平、大隈重信等。做到新政府司法卿（今法务大臣）的江藤，一直很支持西乡隆盛等人的征韩论。但征韩失败之后，他辞去司法卿之职回到故乡佐贺，联合当地的士族发起了反对维新政府的叛乱（1874年佐贺之乱）。但可能是因为思虑不周或掉以轻心，没有最基本的计划，最后完全被镇压了。从这个历史事件可以看出佐贺人的缺点。此外，"5·15事件"（1932年）、"2·26事件"（1936年）的主谋也多是佐贺人。

《叶隐》被认为是主张对主君效力、忠诚的"武士道精神的教科书"，这本书正是出自佐贺县。正如《叶隐》中所写，佐贺人对权威毫无保留地接受，并像对待金科玉律一样严格遵守。他们很多人一旦认为是对的事情，便会认准此事、不懂通融。

当然，现在的武士道精神只是过去武士道精神的遗留，你可不要认为在日本只有佐贺县人才有。但好像武士道的DNA被现在的佐贺人继承了，在NHK国民意识调查中认为"对于长者，就算压抑自己也还是得服从"的人中，佐贺人排第二；在认为"从前传下来的老规矩必须要尊重"的人中，佐贺人在全国排第五。

因此，比起做领导，佐贺人更适合做部下；比起制定战略方针指明前进方向或想出新办法，他们更善于在别人指明的道路上按规定的方式去做。对他们来说，这样做可能更安心。对已确定的事情提反对意见，会让他们感到匪夷所思，他们会避免高调或显摆。

不喜欢被一概而论的唐津人

按照既定之事行事固然好，但如若只能看到眼前利益的话就会受损，也容易变得偏执。佐贺人就是不善通融或随机应变。这也许是受到了福冈县和长崎县的影响吧。

福冈县在九州地区长期作为中央政府的窗口发挥着作用，且是与亚洲各国进行交易的中心地。长崎县是日本锁国两百多年里唯一一个可与海外交流的县。

福冈县和长崎县的人很善于吸取新事物，善于创新，因此也就自然而然地形成了各自承担各自作用的格局。

一般来说，生活在临海地区的人们，性格较开放、开朗。佐贺人也不例外，他们也有开朗、阳光的一面。但他们这种开朗不像其他地区的人那样干脆、爽朗，反而给人以说不出来的腼腆的印象。

即使同属佐贺县，但佐贺市临有明海，而唐津市临玄界滩，所以这两个地方的人在气质上还是有很大不同的。

越过玄界滩就是亚洲大陆。以唐津市为中心的地区和博多一样,自古就与大陆隔滩相望。他们和福冈人很像,积极阳光,思想自由开放。

有机会做到一流吗?

关于佐贺县,除上述之事外,便没有什么能让人想到它的特产、食物、文化或县民性的事物了。

这里的人们深信邪马台国就是佐贺县。但其他县的人几乎都不知道吉野家里遗迹就在佐贺县,同样也都不知道有田烧与伊万里烧。有时佐贺人会被问道:"佐贺在什么县?"这得让佐贺人有多痛心,想象一下都觉得很可悲。

日本职业足球联赛砂岩鸟栖以鸟栖市为主场。从1997年至2011年的五年间,他们一直参加日本职业足球乙级联赛(J2联赛),自从2012年晋级J1联赛后,球队实力逐年提升。虽然这支队伍有着自己忠实的粉丝,但在全国大家都不是很知道佐贺的这支球队。

《佐贺的超级阿嬷》这本小说不仅非常受欢迎而且还被拍成了电影,它写的是作者岛田洋七(广岛人)小时候与外婆生活在佐贺时的回忆。佐贺县并不缺少能拍成电影的素材,只是让人感觉他们并没有很好的利用这里的资源。

日本喜剧艺人花轮曾说过一句话:"佐贺没有名人,即使有也想隐藏自己的出身。"这句话成了新闻报道的素材。其实,还是有很多佐贺县出身的人活跃在日本社会的各个领域。比如软银集团创始人、职业棒球队、福冈软银鹰队的老板孙正义，大家都认为他是福冈人，其实他是佐贺出身。受女性欢迎的料理造型师马伦子与板井典夫在唐津长大（出生于长崎），因而被任命为"唐津大使"。

通常这样的有名人如果被任命为观光大使或宣传部长的话，都会在本县主页的最前段放上他的照片以便宣传，但佐贺县只是在主页的最后简单地介绍了一下。做的这么低调，不是有点浪费吗？但佐贺人好像并没有很在意这件事情……

有田烧瓷碗

佐贺县的重要数据和知名人士

佐贺县在日本名列第一的几个领域

领域	数值
温室蜜桔产量（2014 年）	7,470 吨
海藻类产量（2014 年）	62,663 吨
药房数（2013 年）（每 10 万人）	62.9 家
市町村街道实现柏油路比率（2013 年）	95.8%

佐贺县出身的名人

政界

　　今村雅弘（鹿岛市）

　　原口一博（佐贺市）

大串博志（白石町）

福冈资吕（佐贺市）

商界

本野盛亨（佐贺贺市），读卖报纸创始人

江崎利一（佐贺市），江崎格力高创始人

森永太一郎（伊万里市），森永制果创始人

孙正义（鸟栖市），软银集团创始人

文化界

池田学（多久市），画家

北方谦三（唐津市），作家

原寮（鸟栖市），作家

小森阳一（伊万里市），作家

西村纯二（呼子町），动画导演

本村健太郎（佐贺市），律师

演艺界

松雪泰子（鸟栖市），演员

中越典子（佐贺市），演员

诚直也（佐贺市），演员

村井国夫（佐贺市），演员

松尾千岁（佐贺市），演员

优木真央美（佐贺市），明星

体育界

实松一成（佐贺市），读卖巨人队

长野久义（基山町），读卖巨人队

高滨卓也（佐贺市），千叶乐天队

永江恭平（鸟栖市），埼玉西武莱昂斯队

绪方孝市（鸟栖市），广岛东洋鲤鱼队

佐贺县特有的风味美食

拌海鲜蔬菜（KAKEAE）

这种将海鲜、蔬菜等用加醋的酱拌出来的食物，几乎所有家庭都会做，是祭祀活动、田间插秧、收割庄稼时或很多人参加某一活动时不可缺少的一道菜。

海鲜类一般是指将竹筴鱼、青花鱼等做成刺身或用醋沾着吃，但也根据季节或地域的不同原料也不一样。在呼子的周边地区常食用特产墨鱼，在有名海沿岸地区有时会使用直接打捞上来的鱼。蔬菜一般是撒了盐白萝卜、胡萝卜、黄瓜等，为增添色彩有时也会放入些葱花。很多时候为让口味更丰满，会在加醋的酱中放些研碎的芝麻。

鱼肉面（DAGOJIRU）

这是自古流传下来的一道民间料理，其味道质朴、地道。以前它的做法是在宝贵的具有动物蛋白的鲸鱼肉中放入葱花和面粉，搅拌之后做成面，在面上放入豆酱或酱油即可。它只有在招待客人或庆祝宴会上才能吃到。佐贺县崇尚质朴、节俭，可以说这道美食是佐贺县有代表性的食物之一。

须古寿司

距有名海稍远的地方有个白石町，在白石町的须古地区有种传承了500多年的民间料理。那就是须古寿司。

这种寿司是在做押寿司用的浅木盒里铺满做寿司用的米饭，并将米饭分成小格子状，并放上各种色彩的配菜制作而成。配菜主要是虾、墨鱼等海产品，有时也会使用香菇、胡萝卜、竹笋等山上的食物。但通常所说的须古寿司放的是有名海的特产烤大弹涂鱼。据说这是人们为了感谢龙造寺氏、锅岛氏等世世代代的领主守护须古民众而献给他们的食物。

鲫鱼冻

其做法是：将活鲫鱼用海带包裹，并和萝卜、莲藕等蔬菜一起用豆酱或麦芽糖炖煮，经过长时间的炖煮，鲫鱼变得松软，连骨头都能吃。

中国游客不可错过的佐贺县景点

徐福长寿馆

徐福长寿馆是佐贺市内以"健康与长寿"为主题的资料展示馆,这里有介绍徐福传说的电子设施。据说距今2200年前,徐福受秦始皇之命,为寻求长生不老药来到日本,他在佐贺县内发现了长生草。徐福长寿馆园内种植了长生草等500种药草,共有5万多株。

金立神社

金立神社坐落于佐贺市内的金立山(海拔501米)。这里供奉着保食神、冈象卖女命和徐福。当地人们把他们视为谷物之神、水之神,并对此深信不疑。

多久圣庙

这是位于佐贺县中心部多久市内的一座圣庙,1708年由儒学藩士多久茂文以振兴教育为目的建造而成，里面放置了孔子像。

1907年圣庙的瓦屋顶被改建为铜板屋顶，1921年3月这里被指定为国家级古迹，1933年被指定为"旧国宝"，1950年8月成为国家重要文化财产。

灵仙寺迹

灵仙寺迹指的是从8世纪初期至江户时代吉野家里町内的寺院遗迹。1191年临济宗的鼻祖荣西将从中国带回的茶叶种子种在此处，故而这里被认为是日本种植茶树的发祥地。

现在这里还有一部分江户时期残存下来的茶园。吉野家里町的特产之一便是这冠以名僧名讳的"荣西茶"。

阳光美术馆

这是一座看上去像是浮在水池中的美术馆。它坐落在武雄市的一个日本庭园慧洲庭园中。

人们修建这座美术馆是希望这里能成为中日文化交流的桥梁。在广为人知的陶瓷器发祥地佐贺，阳光美术馆展示着很多中国的陶瓷器。但这里没有常规展示，人们想观摩陶瓷制品时必须提前咨询，这也是这里的不便之处。

与中国省市结成友好城市的行政自治体

佐贺市——连云港市（江苏省）

因为据说佐贺市是徐福在日本登陆的地方，所以这里便与似乎是徐福出生地的连云港市开始了交流活动。位于江苏省北部的连云港市面临黄海，是一座港湾、工业城市。1998年11月，两座城市签订了友好城市协议，民间交流变得十分活跃，而且甚至发展到双方交换少年使节团。

唐津市——扬州市（江苏省）

1972年，借中日两国邦交正常化之机，唐津市为有助于推进两国之间的友好交流，计划与中国的城市结为友好城市。

该市从1978年至1981年这四年间，先后向中国派遣了四次市、市议会、市民的各界代表。选定拥有历史文化遗产、风景秀丽且作为生产都市处于发展中的扬州市为友好城市。1982年2月，双方签署了友好城市议定。

多久市——曲阜市（山东省）

因为多久市内有多久圣庙，所以多久市内想要和孔子诞生地曲阜市结为友好城市。为建立与曲阜市的交流关系，自1983年起，多久市的中日友好协会成员开始访问中国。以此为契机，1984年，他们第一次派遣中日友好访问团来到曲阜市。自此，两市之间每年都有人员的交流，且交流也在深化。1993年11月，双方在曲阜市签订了友好城市协议。

伊万里市——大连市（辽宁省）

这两个市以1987年的相互访问为契机，旨在于1988年的中日和平友好条约缔结十周年之际进行与此相称的友好交流活动。

开始时双方互派代表团访问，相互接受行政、水产、农业等领域的研修生，进行媒体交流等，都意图推进和扩大双方自由阔达的交流事业。为加深相互的理解强化今后更稳定的友好关系，2007年5月，签订了友好协议。

有田町——景德镇市（江西省）

日本的陶瓷器发祥地是有田，它以自汉代传承下来有着2000多年陶瓷器历史的景德镇市为范本。

有田气候温暖、阳光明媚，周边山上有着丰富的、质地优良的陶土及燃料，拥有着地之利。在景德镇烧制的精美青花瓷经由朝鲜被带到日本。作为日本陶瓷器的产地，有田发展很快。

1996年7月至10月，有田町作为会场之一举办了"世界炎之博览会"，8月份景德镇市长和有田町町长本着"以陶瓷器为媒介加深交流"的美好愿望，签订了友好城市协议。

三 长崎县

长崎县人既传统又不乏国际范儿。

简　介

　　长崎县枇杷产量居全国第一。据说枇杷在古代由中国传入之后这里就开始种植了。

　　当今世界全球化不断深化，日本国民与外国人之间的界限也逐渐弱化，可以说，有的县县内居民中六个人里面有一个外国人。但在江户时代（1603年—1867年）被正式批准能与外国接触的地区只有长崎县。从长崎传到日本的中国及欧洲国家的事物数不胜数。

　　但对这里的人影响最大的不是各种物质上的东西，而是西方国家的思维方式、价值观等。每个人都有自己独立生活方式的重要性，家人重于一切，如没有休息也不能很好的工作等等，这些想法在现在来看都是很理所当然的事，但作为日本人第一次接触这些想法的长崎，他们多是吸取了其中的自己认为正确的地方。这些思维方式像是从很早以前就在人们的心里种下了种子，这种对享受人生的生活态度的向往在全国可以说是首屈一指。

当然长崎港附近地区的人们与全国数量最多的孤岛上的人多少还是有些不同的,这里的人总体说来他们开朗、开放且诚信。他们绝不会违背自己信任的事情,这种信念十分强烈,是其他地区的人所不能及的。

在长崎市的中华街,每年的旧历新年这里都会举办灯笼节,全国各地的观光客人来到这里,他们里面有日本人还有外国人,他们不分国籍进行交流,这可以说是长崎的魅力。

长崎县的与众不同:

①这里加级鱼、竹笨鱼、康吉鳗、蝾螺的捕获量居日本第一(2014年数据统计)。

②长崎是杂烩面、土耳其饭、佐世保汉堡的发祥地。

③长崎有日本最早的国立公园云仙。

长崎县的地理状况和气候条件

长崎县位于九州的最西端,在长崎市设置了县政府。由旧国名为肥前、对马、壹岐的三个地区组成。其中旧肥前国的一部分是现在的佐贺县,它曾经将官衙设在佐贺市。

长崎东侧与佐贺县邻接,其他三面全是海。五岛列岛、壹岐岛、对马也属于长崎。

长崎县共有971个岛,其岛屿数居全国第一(占全国的14.2%)。另外,海岸线长4137公里,仅次于北海道,位居全国第二(如不将北方领土计算在内的话则居全国第一)。

长崎的面积不过是北海道的二十分之一,但拥有这么长的海岸线也是因为它岛屿众多,且岛屿间相互交错,是比较大型的锯齿式海岸。这里的地形特征与县内散在的83处港口息息相关,港口数占全国的7.4%。长崎县内几乎没有离海岸线15公里以外的地方,可以说几乎所有的地方都在"海的附近"。

这里气候温暖,冷暖温差小,因为有从西南方向过来的暖流与对马海流,但是因为离大陆地区较近,容易受到寒流影响,不定哪年的冬天会十分寒冷。有时也会观测到最高气温在零度以下的时候。另外，这里的冬，阴天较多，有时会下阵雨或雪，虽很少积雪，但受季节风风向的影响，十几年间也会下一场大雪。

实际上，在长崎市有积雪的记录：2001年积雪14厘米，2016年积雪17厘米。而位于九州最北端的对马，即使降雪也很少有积雪。

岛原半岛处于活火山地带，那里温泉较多，但也面临着随时喷火的危险。1990年至1995年云仙、普贤岳喷火时，岛原市和深江町受害较严重。长崎县常有台风登陆，且多次受灾严重。

长崎县相关数据：

面积：4,132.20平方千米

总人口：1,363,284人（截至2017年3月1日）

人口密度：330人/平方千米

相邻都道府县：佐贺县

长崎县人的性格特点

深受外国文化影响的民众性格

长崎县在江户时代分为天领与五个小藩，岛屿数目全国最多。虽说壹岐、对马也属于长崎县，但现在人们也不能一下子就能想到。

虽说提起长崎市大家会马上有印象，但提到这里人的性格特点大家还是很难下定论的。不过他们大多数人居住的岛屿多临着温暖的海域，所以性格还是开朗、开放的。

另外，自古代起就有很多人从中国、朝鲜半岛或南方诸岛来到这里，因此，可以想象这里的人要比一般的日本人更具有国际性的。他们接受新事物的感性要强于常人一倍，且好奇心旺盛。当然，他们也极富有进取心。

长崎往往与南蛮贸易、兰学、天主教、幕末开港等这些"国际性"事物关联在一起。不管怎么说，在长达近240年闭关锁国政策的江户时代，这里是唯一一处对海外开放的地方。

因此，我们现在觉得是理所当然似的接受的外国的事物，其大多数都是经由长崎传入日本。

从中国传来了线香、乌鱼子、扁豆、素食料理（江户初期传入的素食料理）等，从欧洲传来了啤酒、咖啡、面包、香烟、玉米、向日葵、南瓜、土豆等食物。他们能毫无抵触完全接纳，也说明了长崎人有着相当旺盛的好奇心。

他们接受的不单单是这些东西，他们好像还接纳了城市里常见的个人主义的想法。在锁国政策实施之前，就从中国、朝鲜以及欧洲传来各式各样的东西，这时的长崎生活着很多的外国人。

比起葡萄牙、荷兰，长崎和中国、朝鲜从很早之前就交流频繁，因此，在长崎的异国情愫中，比起欧洲更有着浓郁的中国风情。因为在长崎市内有着很多中国风的寺院、中华料理店，能让人切实感受到这里的氛围。

长崎比博多（福冈县）在更早的时期，也就是说这里是日本最早国际化的地方。

明治时期（1868年—1911年）九州人口最多的地方是长崎。因此那里城市特有的个人主义思想最为显著。当然，他们也有较为脆弱的地方。

关于长崎，《新人国记》中有这样的记载，其大意为："这里因为常有外国的贸易船只进出，所以风俗习惯都已被城市化，缺少勇猛之气。"

另外，旅行家、地理学者古川古松轩仔在《西游杂技》（1783

年出版）中这样写道："不知从何时起羡慕不正当挣钱的人已成了这里的风俗。"医生、橘南谿在他的《西游记》中也这样写道："此世界的人人皆欢喜度日。"

表面上重享乐，难道骨子里是认真的？

长崎人虽然不如福冈县的人那般喜欢玩乐，但他们也有不少人比起辛苦工作，在玩乐或兴趣中更能发现自己的价值。

长崎县按 100 万人为一个单位计算的话，县内有 20.2 家电影院。这比神奈川县、爱知县的还多，位居全国第五（2014 年数据统计）。钢球游戏店、麻将馆的数量（每 10 万人）也高于全国平均水平。

这里的娱乐行业之所以如此兴盛，好像是起因于江户时代与外国贸易的关税其中的三分之一会以"箇所银""竃銀"的形式分配给各家各户。

因为无需付出辛苦劳动就能得到收入，可以过着较富裕的生活，所以这就造就了他们与其认真辛苦的工作不如把钱一下子花完，享乐当下的性格特点。

在经济结构完全不同的现代，我不认为人们会期待无所事事也能挣到钱。但是，一旦经历过这种好事并因此形成了特定的价值观，则不可能轻而易举地失去这一价值观。

另外，在九州哪怕是在全国来看，长崎人都十分重视传统事物、格外珍惜自古传下来的价值观、道德观。据 NHK 国民意识调查，长崎县认为"天皇就是应该被尊敬"的人数比例在全国第二多,认为"要尊重从前的惯例"的人排第一。

同样,长崎人中有"家庭生活中比起大家都过自己各自喜欢的生活更愿珍惜一家团乐"这样想法人在日本最多。

同时,他们的伦理观念很强。例如,一万个人里触犯刑法的人有56.62人,位列全国第44位(2014年数据统计),属于概率较小的县。

在之前的调查中,认为"不能说谎""赌博是坏事""金钱会让人堕落""除夫妇之外有性关系是不好的"的人数比例高出全国平均水平很多。这似乎与钢球游戏、麻将的盛行有些矛盾,但他们不会因为做这些傻事而让自己身败名裂。

此外,他们热爱自己的家乡,很多人认为"长崎是居住的好地方""这里的人们通情达理""喜欢这里的方言""想让长崎世代流芳"。

长崎县人重信仰

长崎县人的一个特征是对信仰很坚定。有"如果向神明或佛祖祈祷的话,神明一定会为我们实现的"这样想法的人数比例在全国排第三位。

如按照"没有信仰"的人数比例少排名的话,顺序为福井、广岛、富山、长崎。福井县、富山县和广岛县的人多信奉净土真宗。

长崎县信仰基督教的人在日本以绝对优势占据第一位。这当然也受到早期基督教传来时的影响。NHK国民意识调查显示长崎县的基督教信徒比例十分高,竟为5.1%(全国平均1.5%)。和第二名的东京都(3.4%)相比的话,就更能看出它的人数之多了吧。

也许是广受基督教互助、奉献的教义影响之故,长崎县的献血率在全国排第12名(日本红十字会调查),在1921年起实施的日本最早公共捐款项目中长崎县所捐款项每年都远超全国平均水平。

长崎县与广岛县都是遭受原子弹爆炸的县。一瞬间夺走很多人的生命,整个世界像地狱一般。这种灾难给予当地人什么样的影响呢?我很难体会他们的感受。但不难想象他们经历过这样的事情后,会变得需要有信仰。

而且这件事他们好像相传与世世代代。"在孩子的教育中即使生活拮据也要不吝金钱"有这样想法的人数比例广岛县居第十名,长崎县居第四名(NHK国民意识调查),从他们的人数比例排名靠前,就能看出他们对金钱的态度。其中"教育"的内涵当然也包括反战、和平以及对人类生命无常的教育。

长崎县的重要数据和知名人士

长崎县在日本名列第一的几个领域

领域	数值
蛋糕消费量（每人）（2015年）	1,204克
枇杷产量（2014年）	147吨
竹筴鱼捕鱼量（2014年）	47,927吨
沙丁鱼鱼干产量（2014年）	4,312吨
新生儿死亡率（2014年）（出生人数每1,000人）	0.4%

长崎县出身的名人

政界

金子原二郎（平户市）

北村诚吾（小值贺町）

古贺友一郎（谏早市）

自见英子（佐世保市）

谷川弥一（五岛市）

商界

高田明（平户市），（日本网高田）网店创始人

野田岩次郎（长崎市），大仓宾馆创始人

小久保德子（长崎市），YUBITOMA 公司创始人

文化界

古贺学（佐世保市）画家

木村一生（长崎市），画家

大石一男（长崎市），摄影家

田中康弘（佐世保市），摄影家

福冈将之（长崎市），摄影家

森崎东（岛原市），电影导演

市川森一（谏早市），作家

垣根凉介（谏早市），作家

佐藤正午（佐世保市），作家

村上龙（佐世保市），作家

内田春菊（长崎市），漫画家

铃木伸一（长崎市），动画导演

演艺界

佐田玲子（长崎市），歌手

福山雅治（长崎市），原创歌手

美轮明宏（长崎市），原创歌手

前川清（佐世保市），歌手

伊藤美咲（对马市），歌手

役所广司（谏早市），演员

竹本孝之（长崎市），演员

白川和子（佐世保市），演员

仲里依纱（东彼杵町），演员

川口春奈（五岛市），演员

原田贵和子（长崎市），演员

原田知世（长崎市），演员

松尾伴内（大村市），影星

平浩二（佐世保市），歌手

体育界

今村猛（佐世保市），广岛东洋鲤鱼队

江越大贺（东岛原市），阪神虎队

大濑良大地（大村市），广岛东洋鲤鱼队

釜元豪（森山町），福冈软银鹰队

川岛庆三（佐世保市），福冈软银鹰队

田瑞起（千千石町），读卖巨人队

松田辽马（岛原市），阪神虎队

水口大地（谏早市），埼玉西武狮队

梅崎司（谏早市），浦和红钻职业足球俱乐部

冲野将基（大村市），大阪樱花足球俱乐部

中村北斗（谏早市），福冈黄蜂足球俱乐部

内村航平（谏早市），体操

大仁田厚（长崎市），职业摔跤

长崎县特有的风味美食

卓袱料理

"桌袱"指的是"餐桌及敷在餐桌上的餐布",这道菜的名字起源于唐朝中国人吃饭时的风俗习惯。当时的人们在进餐时客人与主人围在圆形桌子的四周,没有身份的差别,这种风格被长崎人所接纳并使用开来。

料理就是所谓的"西式全餐",吃饭之前先喝酒,然后是被称为"小菜"的清汤、刺身等凉拌菜以及"三品盛","三品盛"指的是海鲜类料理、乡野料理、用山上的食材做的料理(乌鱼子、伊达卷、羊羹、羊粉等),还有被称为"中钵"的天妇罗等温和类型的料理,以及被称为"大钵"的、使用季节性食材做出的料理拼盘,最后是甜点"水果"。

顺便说一下,如没有桌布的话也可用文字"卓子"。

杂烩面

虽然杂烩面始于长崎市，但它最早起源于福建省福清的乡土料理。被称为"焖面"的炒面与它的食材、味道、做法都很相似。

据说明治中期长崎市的"四海楼"中华料理店的第一代店主，他想向当时在日本留学的中国留学生提供价格便宜又美味、且有营养的食物，结果做出了这样的面。但也有人说明治初期在长崎市丸山之地已有名为面料理的食物。

杂烩面是将猪肉、葱，以及鱼糕等鱼肉加工品等做汤用的食材，用猪油炒，然后用猪骨汤或鸡骨汤调味，之后放入做杂烩面用的面煮开。这是杂烩面的特征。

挂浆炒面

挂浆炒面中的面有炒过的粗面和油炸过的细面两种。

炒过的粗面看上去像炒面，它之所以把面与配菜炒在一起原本是为了让杂烩面在拿出来外卖之前不让它的汤汁洒出。而油炸的细面则是将食材先勾芡，然后放在面上。看上去与"烤得硬的荞麦面"相似。

好像长崎市周围吃细面的较多，佐世保市周边吃粗面的较多，当然各个店都有自己的做法。

浦上鱼肉松

料理中的"鱼肉松"一般使用的是肉末，而浦上鱼肉松是将切碎了的猪肉和蔬菜一起炒，这样做出来的既有些甜味又有点辣的食物。

其做法是：将牛蒡、胡萝卜、豆芽等切碎了翻炒，放入调料汁、白酒、酱油、砂糖调味。这一般是民间料理，食材与味道也因家庭不同而不同。

据说这道美食源于来浦上传教的葡萄牙人。他们在浦上不仅传天主教教义，还劝说日本人"猪肉有利于健康"。也有人说这道美食的名字是源自葡萄牙语中表示"剩下的东西"的"Sobrad"这个词。

另外，它也是长崎学校供食菜谱上的一种事物。

大村寿司

这款寿司可追溯至500年前。当时统治岛原一带的有马贵纯攻打邻近的大村，曾一时将大村纳入自己的领土，但领主大村纯伊又将此夺回。庆祝领主凯旋的领民们准备款待士兵们时发现吃饭的食器不够用，没有办法，他们在被叫作"MOROBUTA"的浅木盒中铺均做好了的米饭，将切好的鱼块、切成末的蔬菜放在上面，在此上面再放上米饭、配菜做成押寿司。士兵们用短刀将它切成正方形吃……这就是大村寿司的起源。

现在听说每个家庭在有要庆祝的事情时也做大村寿司吃，可以说这就是大村市民间料理的代表。

佐世保汉堡

明治时期中叶,自旧日本海军的工厂建成以来,佐世保作为"基地之街"发展起来。太平洋战争结束后,美军接管了这里,很多士兵驻扎在此处。

从美国传入的是汉堡包。1950年前后,海军士兵直接听来秘方自己开始做。他们做出的汉堡就是最初的佐世保汉堡。

每个店铺都有各自的做法,最基本的佐世保汉堡个头很大。做汉堡用的面包直径有10—15厘米,是日本国内不常见到的特大号。

面包在接到订单后再开始烤,中间夹的是100%的国产牛肉,也可以夹猪肉、腊肉、炸鸡块、煎鸡蛋卷等各种食物。生菜、西红柿等蔬菜也是国产蔬菜,再加上特质的蛋黄酱。总之,每一个佐世保汉堡都是定做的。

佐世保汉堡于2007年制订了"认定制度"。佐世保市的保健福祉部门、旅行业界的有关人员等会基于"独立性、主体性""信赖性""地产地销""纯手工制作"的准则对各店铺进行审查。只有合格的佐世保市内的店铺才能成为"佐世保汉堡认定店",才能放置带有佐世保汉堡男孩插图的认定证(广告牌)。

中国游客不可错过的长崎县景点

长崎市旧香港上海银行长崎支行纪念馆

这是长崎市松枝町的一家纪念馆,它以香港上海银行旧长崎分行修复后的样子于1996年对外开放。在纪念馆的二楼,展出着被称为中国革命之父的孙文与一直支持革命的、长崎县出身的、实业家梅屋庄吉之间超越国境的友情见证物。因此本纪念馆的有个醒目的宣传语即"长崎近代交流史与孙文、梅屋庄吉博物馆"。

长崎新地中华街

长崎市新地町的中华街与横滨中华街、神户南京町一起被称为"日本三大中华街"。这里有中华料理店、中国杂货店等约40家店铺。无论世界何处的中华街都是一样的,在中华街四方的入口处常常会建个门(牌坊)。这里也一样,东门有"青龙"、西门有"白虎"、南门有"朱雀"、北门有"玄武",祭祀着四个方位的守护神。每年的旧历新年（春节）时，邻近的凑公园会举办灯笼节，有很多观光客人来这里参观。

唐人住宅遗迹

长崎港自1635年起一直把持着与中国之间的贸易往来。来日的中国人也会住在长崎市。但德川幕府以走私贸易增加为由，与锁国后的出岛一样于1689年建造了收容中国人的唐人住宅。但1784年因为大火这里被烧毁，这里的居民便开始自己出资在填海所造的"新地"建造住宅。之后就成了"长崎中华街"。

长崎市馆内町也有唐人住宅的遗迹。有明治时期修复改建的土神堂、观音堂、天后唐的遗迹，而且还存有旧八门会所（之后改成为"福建会馆"）的前门等。

长崎孔子庙

长崎孔子庙位于长崎市大浦町，1893年由中国清政府与华侨共同建造。琉璃瓦、清白石栏杆、龙纹御道石、孔子像、72贤人石像等都是从中国运送而来。

中国历代博物馆

这是座与长崎孔子庙同时建起的博物馆，该馆的二楼展示着北京故宫博物院提供的宫廷文化财产，三楼展示着中国历史博物馆提供的出土文化财产。在与中国交往甚深的长崎，中国历代博物馆就是传播文化、学术的专门设施。

长崎县孔子庙

崇福寺

崇福寺是位于长崎市锻冶屋町的黄檗宗寺院,是由在长崎市从事贸易的、福建华侨们聘请福建省福州市的僧人超然建造而成。超然出生于福州,63岁时来到日本,是这里的第一位主持。那时正是1629年,是明末清初时期。这里与兴福寺、福济寺一起被称为"长崎三福寺"。

兴福寺

位于长崎市寺町境内的兴福寺是日本最早的黄檗宗寺院。因为它的山门是朱红色,所以也被叫作"赤寺"。它由中国僧人真元于1624年建造,因为浙江省、江苏省的信徒较多,所以也被叫作"南京寺"。真元福建省福清地人，黄檗宗的开山鼻祖，与隐元隆琦甚是有缘。这里的大雄宝殿也是正殿，被指定为国家的重要文化财产。

福济寺

福济寺是长崎市筑后町的黄檗宗寺院，建于1628年。这里的信徒多是福建省漳州和泉州的华侨，因此这里也被叫作"漳州寺""泉州寺"。福济寺内有"长崎观音"，是非常受人爱戴的万国灵庙长崎观音。这座观音像修建于1979年，像身高18米，坐落在龟形的底座上，如果包含这部分的话整个身高则变成34米。

郑成功纪念馆

这座纪念馆在平户市川内町，在这里可以了解到在明朝衰退至清朝兴盛这段混乱期内郑成功所进行"反清复明"的活动事迹。馆内展示着本市的有形文化财产妈祖像及从郑成功的据点台湾赠送而来的台南市鹿耳门天后宫的间祖像、彰化县鹿港天后宫赠与的妈祖像等。另外，在这里还能参观郑成功的书法集肖像画像的翻印品。

近松门左卫门的人形净琉璃《国姓（性）爷合战》就是以郑成功的"明朝复权运动"为原型而创作的。1715年在大坂（大阪）的竹本座第一次上演以来，在民间很有人气，之后还改编成了歌舞伎的剧目。

与中国省市结成友好城市的行政自治体

长崎县——湖北省

长崎县将中国革命之父孙文与跨越国境一直支持他革命的梅屋庄吉的友情公开于世,并自2011年起,一直致力于颂扬其历史功绩的事业("孙文、梅屋庄吉和长崎计划")。长崎县通过这个活动一直继续着与辛亥革命发起地湖北省的交流。在辛亥革命100周年的2011年1月,双方正式签订了关于日本国长崎县与中华人民共和国湖北省的友好协议。

长崎县——福建省

1980年,长崎市与福建省福州市的有关缔结友好城市的活动较为活跃,由此正在访问中国的长崎县知事建议长崎县与福建省结成友好城市。1982年,日中友好协会再次提出想要作为两国邦交正常化10周年纪念双方开始缔结友好城市对话。同年10月,双方以增进两省人民的友好合作关系及加强双方的发展、繁荣为目标，签订了友好省县的协议。

长崎市——福州市（福建省）

1979年，中日友好之船"明华号"在访问长崎市之际，长崎市向中日友好协会会长提出了"长崎市、福州市友好城市意愿书"，并在各领域开始了促进缔结友好城市的活动。1980年4月，以市长为团长的日中友好"长崎市民之翼"访问中国，干事团访问福州市。席间双方就缔结友好城市达成一致。1980年6月，访问福州市的先遣团与福州市进行了事务性的磋商，1981年7月，在长崎市议会全员协议会上通过此事。1981年10月，双方正式成为友好城市。

佐世保市——厦门市（福建省）

长崎县有很多福建华侨，他们自1981年前后，在两个作为港口城市繁荣发展的佐世保市与厦门市之间，开始了意在促使两市结成友好城市的活动。1982年10月，长崎县与福建省建立友好关系，两市建立友好城市的活动更加活跃。1983年1月，厦门市市长向佐世保市市长传达了中国国务院批准双方成为友好城市的批示。1983年6月接受市长咨问的佐世保市姐妹城市委员会答复与厦门市缔结友好城市关系，1983年10月，双方结成友好城市。

佐世保市——沈阳市（辽宁省）

2009年5月，佐世保市市长访问沈阳市。他们以所谓的"高层推销"的形式开始与沈阳市的交流，并主要在观光领域加深了交流。2011年2月，沈阳市为扩大在经济、教育、文化等领域与佐世保市的交流，建议双方结成友好交流城市。同年11月，佐世保市接受提议，双方正式签订协议。

谏早市——漳州市（福建省）

谏早市是长崎县人口第三多的城市。1982年，长崎县与福建省结成友好县省，县内第一、第二的城市长崎市与佐世保市也分别与福州市、厦门市结成了友好城市，另外他们也开始了与福建省第三大城市、同样也是田园文化城市的漳州市的交流。

1985年7月，谏早市首次访问漳州市，之后这两市在六年间内互访多达10余次，加深了彼此的交流。1990年，漳州市出席了谏早市成为地方自治体的市的50周年纪念庆典，在庆典上双方就友好交流交换了备忘录，1991年4月，双方正式签订协议。

谏早市——苏州市平江区（江苏省）

1993年，旧多良见市为扩大县内孩子们的国际视野，以加深中日友好为目的，派遣少年少女友好访华使节团来苏州市第三中学访问。从此两市之间开始了友好交流。

旧多良见市多次派遣使节团，他们想要推进包括教育领域在内的与苏州市在各个领域的交流。苏州市第三中学所在的苏州市平江区也积极得参与到中日友好交流中，并决定在两市区间进行友好交流。之后通过双方的相互访问，加深理解与交往。1996年11月，双方正式签订协议。

2005年3月，多良见町与旧谏早市、旧森山町、旧饭盛町、旧高来町、旧小长井町合并为谏早市，并继续与平江区达成友好城市关系。2006年10月，双方再次签订友好城市协议。

大村市——上海市闵行区

继1984年开始的两地区间的农业交流之后，同年8月大村市与上海市上海县交换了友好交流促进协议，并派遣少年亲善足球团、访华团来上海开展友好交流活动。1992年11月，闵行区与上海县合并。1993年12月，闵行区与大村市交换了缔结友好城市意向书。直至今日双方每三年更新一次协议。

平户市——南安市（福建省）

如前文所述，南安市与平户市都与郑成功有着渊源。

1991年7月，平户市将平户市市长写的碑文赠送与南安县郑成功碑林建设委员会。以此为契机，1993年4月，南安县郑成功纪念馆馆长向平户市送去了意在达成友好城市交流的共同讨论提议书。同年10月，为出席南安县升格为南安市的纪念典礼，平户市以市长为团长组成平户市友好亲善访华团访问南安市，并表达了要与南安市缔结友好城市关系、加深两市交流的意愿。南安市也同意与平户结成友好城市。之后双方交流不断，1995年10，在得到中央政府的批准之后，双方正式结为友好城市。

对马市——上海市崇明县

日本的第三大岛对马与被称为是中国第三大县的崇明县，都在"第三"上有着共同之处。

对马境内的山林面积约占90%，而崇明县全是平地，就是这样两个地形完全不同的地区互谈"构建友好关系，开展今后的经济交流与文化交流"，并于2012年7月双方交换了建立友好关系意向书。

长与町——上海市南汇区

在长崎市中国总领事馆的努力下，自2000年起上海市南汇区与长与町开始进行交流。2001年、2002年，长与町派遣交流考察团来南汇区。2002年3月，南汇区派考察团来长与町。

因为南汇区作为桃子的产地十分有名，所以长与町想推进双方在农业接班人技术上的交流，而南汇区希望能发展成为学园城市，所以向在文化、教育领域与长与町进行交流。2002年3月，双方交换了旨趣书。同年10月、12月双方互派考察团。

四 大分县

拥有"丰之国""温泉县"之美誉。

简　介

大分县的温泉数量及涌出泉量居日本第一位，故得名"温泉县"。但大分的卖点不单单是温泉，它在记纪时代就被称为"丰之国"。正如此名，该县的西部有绵延起伏九重连山，东侧有濑户内海，自然环境优越。这里也有很多名特产，如干香菇、瓯橘、河豚、关竹筴鱼、关青花鱼等。

然而当地人的性格特点是不善于做决断。在当地常能听到"赤猫根性"这样的说法，意思是会算计、气量小、自私自利。这也多是因为江户时期（1603 年—1867 年）这里被分为几个小藩，彼此之间几乎即没有交流也无矛盾的缘故。

评论家大宅壮一曾评价大分县是"日本的西班牙"。可能是由于战国时代（1467 年—1590 年）末期，耶稣会的宣教士在府内（现大分市）传教，让当地人的独立性格与国际思维根深蒂固了吧。的确，大分县出生的福泽谕吉、横纲双叶山、泷廉太郎等人，有时对事情充满热情，有时却像个修道者。这里就像是毕加索、达利的"西班牙"。

大分县的与众不同：

①当地的肉食店数量、肉的消费量居全国第一（每10万人）。

②隧道的数量居全国第一。

③这里的大友宗麟是日本最早使用大炮的人。

大分县的地理状况和气候条件

大分县在位于九州的东部,在大分市设立了县厅,包含了旧国名丰后和丰前的一部分地方。这里山地面积所占比例较大,西部有九重连山,南部与宫崎县交接的县境上耸立着祖母山、倾山。平地只有北部的中津平原、中部的大分平原及南部的佐伯平原等。

大分县东部有丰后海峡,该海峡最狭窄的地方是丰予海峡,这里的海面宽度仅为10公里,其前方就是四国。县南部是里亚斯型海岸的日丰海岸。

这里以温泉数量及涌出量居日本第一为荣,其中面朝别府湾的别府温泉、位于县中心部的由布院温泉,在全国乃至全世界都十分有名。

昭和30年(1955年)由布院和汤平村合并,并称为"汤布院",但车站名称与盆地名称还是保持"由布院"的称谓。汤布院温泉是九州首屈一指的温泉胜地和著名避暑地。

这里的温泉惠及种植、养殖、饮食文化、美容、医疗等领域。

汤布院金鳞湖

这里的地热发电量也居日本第一位。

这里气候温暖，自然灾害较少。就整体而言雨水较多，容易受到梅雨前线的影响，但夏季与九州西侧的县相比夜晚最低气温超过25℃的日子不多。冬天，这里很难受到季节风的影响，内陆部分地区早晚骤冷。

县内的气候分为四种。中津市、宇佐市等北部地区至国东半岛，夏季降水量少且晴天较多，多是濑户内海式气候；冬季因受从关门海峡吹来西北季节风的影响，这里的气候与日本海一侧气候相近。多阴天、多雨水、多降雪，每年冬天都会积雪数次。

别府市、大分市等中部地区，年降水量为1500—1800毫米，但有时也会超过2000毫米。根据气压分布，这里有时也降雪，但几乎没有积雪。

丰后大野市、佐伯市等南部丰后海峡沿岸气候温暖，但夏秋两季受台风影响集中，降雨较多。年降水量为1800—2500毫米，在大分县位居第一。冬季内陆部分不同于沿岸地区，早晚极冷。

日田市、竹田市等西部内陆地，区高山绵连，盆地散布，一年内的温差较大。夏季以海拔较低的盆地为中心，气温均超过35℃，且雷雨较多。冬季严寒，1月份的平均气温为2℃—4℃，是九州极冷的地方。这里多降雪，每年都有10—30厘米的积雪。

大分县相关数据：

面积：6,340.74平方千米

总人口：1,156,503人（截至2017年3月1日）

人口密度：182人/平方千米

相邻都道府县：福冈县、熊本县、宫崎县

大分县人的性格特点

存在感低,缺乏协调性

在九州境内,大分县是最早开发的地区之一。这里自然环境优越,《丰后国风土记》中有这样的记载:"天之瑞物、地之丰草。汝等所治理之国可谓是丰国。"

大分县被叫作"温泉县"也不是没有理由。全国一万七千处温泉中,有近四千处位于大分县。尤其是别府,温泉涌出量、温泉数自不必说,而且在日本目前所知道的 11 种泉质中,这里就占了 10 种,是罕见的温泉地。别府雾气被选入 NHK 国民意识调查的"100 个想留给 21 世纪的日本风景",几乎可以排到第二名。

这里不仅温泉多,水也很清秀。清水从九重火山群、祖母山、倾山系、英彦山等山地与玖珠、耶马溪的熔岩台地等地的源头流出。山对面的熊本县,同样也有这样的清水。

虽然以前的"一村一品运动"和最近的由布院温泉、关竹筴鱼、关青花鱼等早已广为人知，但在此之前很久，大分县的存在感都很弱。

提起大分县的有名之地，也就只有别府温泉之类，很少有能引起大家讨论的话题。造成这种现状也是有历史原因的。

德川幕府成立以来，大分县被分成了 11 个小藩，直到明治维新时期也没有改变或转封，统治者也没有变。江户时代藩与藩之间的交流较少，且对抗意识较强，因此整个县内没有一个统一的让人认可的事物。

小气、唯利是图、自私自利、相互拖后腿、没有协调性，在一个小小的藩内都是这种相处方式的话，就可知全县是个什么状况了。

"一村一品运动"的发祥地

虽然大分县特别低调、无存在感，但曾担任知事的平松守彦推行了"一村一品运动"，让全国人知道了大分县，也让人看到了大分县的热情。

"一村一品运动"的三原则，即"立足本地，面向世界""自主自立，锐意创新""培养人才"。

大分县人将、竹田的瓯橘、关竹筴鱼、关青花鱼等，打造成了闻名全国的品牌食物。但遗憾的是，关竹筴鱼、关青花鱼这些食物只有名称被广为人知，大家貌似并不知道这些品牌是大分县的特产。

这些食物名字中的"关"，源自港口佐贺关。佐贺关离爱媛县的佐田岬很近，在佐田岬这边几乎是同样的渔场，捕获的竹筴鱼、青花鱼以"岬竹筴鱼""岬青花鱼"之名出售，不过几乎没有什么知名度。

在我认识的人中，有人认为"关竹筴鱼""关青花鱼"是下关、爱媛的海产。作为大分县人，将自己家的物产认成别人家的，许是大分县人很难原谅的事情。

这里的人们，振兴全县的意识都很弱，所以他们所推广的活动也只限于以町或村为单位开展。与京野菜、宫崎芒果等冠着产地都道府县名的品牌食品卖向全国这一现实形成了明显对比。

尽管如此，起源于大分县的"一村一品运动"还是吸引了一部分人的注意力，被高度评价为"活用当地特产，搞活地方经济"的有效方法，之后全国各地开始争相开展。

大分县将"一村一品运动"推广至东南亚各国，想以此推进相互的产业发展及地方外交。就近期极力宣传的、极具特色的"地方创生"来看，可以说大分县人极具先见之明。

人们常误以为大分县不在九州

人们常说，大分县跟九州的其他县很不同。例如，一般大家都认为九州人很顽固、重情面，而对大分县却没有这种感觉。

原因之一是因为语言。九州方言给人一种刻薄的感觉，但大分县的方言却没有九州味儿，因为他们与关西地区贸易往来较多，所以与近畿、中国、四国的濑户内海沿岸的方言相似。

另外，当地人本可以更通情达理，但实际上并不是。这可能是因为大分县北有两子山、西有阿苏山、南有祖母山，或许是被九州的险峻群山包围的缘故吧。

大分县人其实很具国际思维

1541年葡萄牙船偶然间来到丰后地区，他们的到来使得这里发生了翻天覆地的变化。

16世纪后半期，统治九州北部六国（占九州的三分之二）的大友宗麟曾有一时以府内为据点，与比中国、朝鲜还远的东南亚或葡萄牙频繁地进行贸易往来。

当时的府内与长崎一样都是国际都市，但意外的是这里并不为人所知。在大分县的官方主页上有详细的介绍，好像那时的府内港口有外国的货船出入，且有很多的贸易商人、外国人也住在这里。据说东西宽约700米、南北长约2200米的府内，有45个町5000户人家。

这里还有教堂、神学校，这是在同样与外国交流较多的博多见不到的。这可以说是耶稣会传教士方济各 沙勿略在此地热心传教的成果。

大友宗麟也改信基督，成为闻名全国的信奉天主教的大名。因此，即使是在欧洲，"BUNGO"这个名字也广为人知。

若提起当时日本与欧洲的贸易往来，大家可能都会想到葡萄牙，也可能会想起当时葡萄牙人来到种子岛（鹿儿岛县）的事，即所谓的"铁炮传来"。种子岛家第十四代当主在葡萄牙人那里学到了先进的铁炮技术，成功地制造了所谓"国产第一号"的铁炮。从此，铁炮便由这里传到了日本的每个角落。这段史实无疑是让大分县人感到自豪的。

但丰臣秀吉颁布禁教令之后，天主教的信仰者开始急剧减少，进入江户时代，对外贸易也变得十分萧条。但府内在这之后也一直作为商业城市繁荣发展，江户时代一直与大坂（大阪）有着贸易往来。

虽说是仅仅数十年，但接触欧洲文化对当地人的气质养成有着很大的影响。可以说当地人的个人主义价值观，以及富有独立自主的个性，都是他们得到的最大遗产。但在进入江户时代后，这些特点也就渐渐消失了。之后他们又经历了小藩长期分立的时代，人们的变得缺乏社交性、怕生，给人以笨嘴笨舌、粗鲁的印象。另一方面，当地人比较耿直、诚实、守信。

另外，他们有浓厚的独立自主的风气，很多人离开故乡来到福冈等其他县，好像也不大再回故乡。庆应义塾大学的创建者、《劝学》的作者福泽谕吉就是中津藩人，他19岁时离开故乡，去了大阪、东京。"一村一品运动的倡议"者平松元知事也是在读大学时离开这里去了东京，直到当了副知事，26年间一直没在大分县待过。

但正如福泽谕吉在大阪读书之后来到东京，平松元知事读了东大后投身官僚事业，很多大分县人好像都是离开本地后才才发挥出了自己的才能。

大分县的重要数据和知名人士

大分县在日本名列第一的几个领域

领域	数值
白兰地消费量（2013年）（每人）	0.12升
温泉总数（2014年）	4,381处
隧道数（2014年）	551处
精神保健福祉士人数（2016年）（每10万人）	913人
瓯橘产量（2013年）	5,883.0吨
干香菇产量（2013年）	1,599.3吨

大分县出身的名人

政界

穴见阳一（佐伯市）

岩屋毅（别府市）

吉良州司（玖珠町）

足立信也（大分市）

卫藤晟一（大分市）

商界

石川武美（宇佐市），主妇之友社创始人

文化界

广濑淡窗（日田市），儒学者

植木理惠（大分市），心理学者

小野不由美（中津市），作家

大贺俊二（中津市），动画导演

平川雄一朗（大分市），电影导演

山本政志（大分市），电影导演

古庄淳（丰后大野市），电影导演

惣领冬实（别府市），漫画家

谏山创（日田市），漫画家

麻生丰（宇佐市），漫画家

若杉公德（丰后大野市），漫画家

演艺界

阿部真央（大分市），原创歌手

大塚博堂（别府市），原创歌手

伊势正三（津久见市），原创歌手

山下久美子（别府市），歌手

锦野旦（大分市），歌手

石丸谦二郎（大分市），演员

古手川祐子（大分市），演员

古手川伸子（大分市），演员

财前直见（大分市），演员

深津绘里（大分市），演员

苅谷俊介（日出町），演员

穴井夕子（玖珠町），演员

指原莉乃（大分市），歌手

杉崎美香（大分市），影星

稻叶政裕（玖珠町），远东俱乐部乐队成员

岩男润子（别府市），声优

体育界

胁谷亮太（大分市），读卖巨人队队员

山口俊（中津市），读卖巨人队队员

安藤优也（大分市），阪神虎队队员

内川圣一（大分市），福冈软银鹰队队员

小野淳平（大分市），广岛东洋鲤鱼队队员

甲斐拓也（大分市），福冈软银鹰队队员

笠谷俊介（大分市），福冈软银鹰队队员

今宫健太（别府市），福冈软银鹰队队员

川濑晃（大分市），福冈软银鹰队队员

岩尾利弘（津久见市），埼玉西武狮队队员

姬野宥弥（大分市），大分三神青年队队员

松原健（宇佐市），横滨水手足球俱乐部成员

松本昌也（中津市），磐田山叶球队队员

藤田优人（大分市），鸟栖砂岩足球俱乐部成员

大分县特有的风味美食

松冈寿司

这是大分市松冈地区的一种民间食物,它的特征是用醋浸泡直至全身变白的鱼。

这道食物使用的主要是竹筴鱼,将米饭用甜醋拌好,做成饭团,在它上面放上用醋浸泡且略带甜味的鱼块,然后用绿紫苏卷好,撒上些姜末、芝麻即可。这种寿司的味道极佳,里面各种食材的味道均被发挥到极致,佐料也让鱼腥味消失殆尽。

琉球(RYUKYU)

把五条鰤、青花鱼、竹筴鱼等新鲜鱼类用放入酱油、姜之类的酱汁浸泡出味,和紫苏、白芝麻等一起放在米饭上即可。大家都说如若想饱尝这当地海味的话,除此绝无他物。

这里说的"RYUKY"当然是指"琉球"(冲绳),据说这种食物的做法是由大分的渔民从冲绳的渔民那里学得的,他们以当地的鱼作为原料做出的这道美食,因此它的名字叫作"琉球"。

烧竹笋寿司

竹田市因竹林多而闻名,这种食物是竹田市的一种民间美食。将烤竹笋焯热水,让它变软,然后放入煮好的鸡肉、香菇、青豌豆等,再做成寿司。

根据个人喜好可切成大块享用,听说最好的吃法是将寿司的个儿头切成能一口吃下去的大小。

羊栖菜饭

如果看到这个食物的名字就认为是"拌有羊栖菜的饭",那就大错特错了。

原材料中,羊栖菜自不必说,除此之外还要放入竹筴鱼的肉糜、蝾螺、鱼糕等海货,以及胡萝卜、高野豆腐、油炸豆腐、牛蒡、香菇等。只有充分使用了这些素材的拌饭,才是"羊栖菜饭"。

丰后海峡中的津久见市保户岛是远洋渔业的基地,即使是在近海区也有丰富的鱼类与贝类,"羊栖菜饭"是靠打渔为生的渔民们吃的一道美食。

鸡汁

这是一道将鸡肉与牛蒡、魔芋、莲藕、芋头等用砂糖、酱油煮的料理。做法虽简单,但大分县的鸡肉还是得到公认的。顺便说一下,大分县的鸡肉消费量在全国一直是名列前茅。

据说这是以前盂兰盆节、新年或者祭祀活动时,人们聚集住一起时才能吃到的一道美食。这其中最高的待遇据说是使用自己家养的鸡、自己家种的蔬菜。

酱煮素杂烩

这是流传于日田地区的一道美食。在秋收暂告一段落时,将小豆、芋头、萝卜等一起与糯米煮,做好后用于供奉神明,但它也是农民们分享收获时享用的食物。

此外,据说亲鸾十分喜欢小豆,这也是11月28日"御取越"(亲鸾忌辰时为怀念他的遗德举办的法事)时必不可少的食物。

关青花鱼、关竹筴鱼

濑户内海与太平洋的海水在丰后海峡交汇,形成了上好的渔场丰后海峡。在这片海域,一竿钓就能钓得日本竹筴鱼、日本青花鱼,即称为"关竹筴鱼""关青花鱼"。

吃关青花鱼最好的时节是鱼膘最肥的初秋,此时以关青花鱼做的新鲜刺身绝对是人间绝品美味。

每年的3月至10月是关竹筴鱼最肥美的时候,用关竹筴鱼搭配颇有名气的瓯橘,是一道只有在当地才能饱尝的美味。

因为是高级品牌,所以假冒的关竹筴鱼、关青花鱼也时常出现在市面上。因此大分县渔业协同组合佐贺关支店均申请了注册商标，1996年作为水产品在全国得到认可。

现在市面上所有的关青花鱼、关竹筴鱼的包装底部都附有二维码。另外，在提供关青花鱼、关竹筴鱼料理的全国料理店中，都放有特约加盟店的宣传板，以此来全方位保护这个品牌。

中国游客不可错过的大分县景点

龙门瀑布

在流经九重町的松木河上有一条宽 40 米、落差 20 米的瀑布，在此瀑布的半途有一个叫作"二段落"的瀑布潭。它位于第一段瀑布的下方，这里聚积的水流出来就是第二段的瀑布。

第一段瀑布没有特别之处，但第二段的水则是像流淌在一个斜面上，一到夏天，很多孩子把此当作瀑布滑梯。

据说镰仓时代（1185 年—1333 年），从宋朝来日的高僧兰溪道隆，看到这个瀑布与中国黄河上流的龙门飞瀑极为相似，便将此瀑布命名为"龙门瀑布"，并在此处建造了龙门寺。

龙门瀑布附近，有可进行野营的地方，还有温泉。

椿堂·遍照院

这是坐落在丰后高田市黑土的一座寺院。

据说，作为留学僧远渡赴唐的弘法大师（空海），在从唐朝回国的途中遭遇暴风雨，来到高田市的真玉海岸。大师为了寻找休息的地方，遍登山谷，最后来到了这个叫椿堂的地方。不久后大师决定离开这里，那时他将手中的椿树枝做成的拐杖插入岩石，于是岩石中涌出了清水，椿树枝的拐杖在地上生了根，不久就长成了参天大树。仰慕大师的当地人，将这棵大树做成了佛堂，并命名为椿堂。

深田心的小径

臼杵市深田的石佛公园里放置着50座由中国敦煌市赠与的、刻着日中两国伟人名言的石碑。2007年石碑放置后，敦煌市长等一行人参加了石碑的落成典礼。

这里绿色葱郁，优美的环境与伟人的名言治愈着来此处散步的人们的心灵。

与中国省市结成友好城市的行政自治体

大分市——武汉市（湖北省）

1976年5月，大分市市长参加了大分县的各界友好访华团，与大分市议会议长、日中友好协会理事长一起访问了武汉市，并提出与武汉市缔结友好城市关系。之后在各方面的努力下，1979年5月，双方正式决定签订友好城市协议。同年9月，武汉市友好访问团来到大分市，双方正式签订友好城市协议。

别府市——烟台市（山东省）

烟台市是1400多年前日本最早的遣唐使所到之地，所以这里与日本的渊源由来已久。据说徐福当年就是从烟台市的蓬莱港出发的。

1983年，别府市希望与中国结为友好城市，并向驻日特命全权大使表达了这一意愿。1984年，中方介绍了与别府市一样同为观光城市的烟台市，双方开始相互访问。

双方在交流中不断加深了关系且多次进行协议，于1985年7月结成友好城市。之后，双方在市代表团相互访问、留学生派遣、经济、文化、艺术等领域进行广泛得交流。2005年，双方缔结友好城市二十周年，烟台市将代表友好的"八仙人雕刻像"赠送给别府市。

佐伯市——邯郸市（河北省）

佐伯南郡的（佐伯市与周边的旧南海郡一带）日中友好协会将邯郸市介绍给佐伯市，佐伯市便以此为契开始了国际交流。邯郸市是春秋战国时代赵的都城，也是秦始皇出生的地方。这里作为中国为数不多的、具有悠久历史的城市，被指定为经济开放特别行政区，是有大好发展前景的城市，是佐伯市友好城市的不二之选。

1991年11月，佐伯市派出访华团，对邯郸进行了友好城市缔结前的考察，访问了青岛市、日照市、邯郸市。1992年4月和5月，邯郸市与日照市相继派出视察团访问佐伯市。

同年10月，以市长为团长的"佐伯南郡邯郸市友好访问团"访问了邯郸市，双方结成友好城市的气势高涨。1994年4月，双方正式签订友好城市协议。

臼杵市——敦煌市（甘肃省）

1992年11月，敦煌市使节访问臼杵市，并参观了臼杵大佛。第二年，臼杵市市长和27名臼杵市民访问了敦煌市。1994年，臼杵市邀请敦煌市副市长参加臼杵大佛的落成法事，通过一系列的活动，双方加深了交流。同年中国政府批准敦煌市与臼杵市结成友好城市，9月双方正式签订友好城市协议。

丰后大野市——荆州市荆州区（湖北省）

1981年，当时的三重町与湖北省江陵县结成友好农村交流关系，之后双方在很多领域进行了交流。1991年，三重町与江陵县交换了促进结成友好农村关系的备忘录。

1994年，双方签订了关于结成友好町县关系的议定，并约定共同致力于两町县的友好关系发展及世界和平，多次进行了友好访问活动。同年，江陵县合并成为荆州区，双方继续相互接受农业研修生以及町民间的友好交流。

三重町也于2005年合并成为丰后大野市，延续双方的友好城市关系。

五 熊本县

熊本人的固执在九州可谓首屈一指。

简　介

据说在熊本有个男女生都可以就读的县立高中，却竟然34年间都没有一个男学生。社会评论家大宅壮一曾评价熊本女性是"猛妇"。的确，这里的人比较固执、单纯且有很强的正义感，决定好的事情会满怀激情地做到底。

西南战争时，熊本县成立了博爱社，即日本红十字会的前身。博爱社的献血率（年献血人数占总人口数的比例）在全国位居一二。由此可见，熊本县人还是比较心地善良的。如果你看到"可爱的吉祥物"中知名度最高的"熊本熊"的亲切模样，就能理解熊本县人的性格了。

在熊本，就职于企业和政府机构管理层的女性比例超过了东京，居全国第五，就这点来看，好像她们也并不柔弱。

背靠阿苏火山带的熊本，自古就被称为"火之国"，而有意思的是这里的水却很好喝。这里几乎80%的自来水水质柔和、易于吸收。

熊本县的与众不同：

①这里的西红柿、西瓜、甘夏桔的产量居全国第一。

②这里的马肉产量居全国第一，可用于炖、烤或做刺身、火锅、攥寿司等。

熊本县的地理状况和气候条件

熊本县位于九州西侧，位于县中央位置的熊本市是县政府所在地，也是一座政令指定城市。这里的旧国名叫肥后。据说这里的地名原本写作汉字"隈本"。战国时代（1467年—1590年）末期，建造熊本城的加藤清正觉得"隈"这个字右边是表示"害怕"的"畏"，不适合用于武将，所以改为"熊"字。

在熊本县的西面，熊本平原临有名海，八代平原临不知火海。这两个海之间有块突起的地方，便是宇土半岛，再往前是天草诸岛。

从地域方面，熊本县可分为县北、县中、县南三大部分。县北有荒尾市、玉名市、阿苏市；县中指的是熊本市、宇土市；县南有八代市、水俣市、人吉市和天草市。

县北部的筑肥山地是熊本县与福冈县的县境。东北部阿苏山的破火山口，是日本第二大火山口。东部的九州山地耸立着的群山，是熊本县与大分县、宫崎县的县境。南侧的国见山地，是熊本县与宫崎县、鹿儿岛的县境。

整个熊本县都是太平洋侧气候，十分温暖，但冬夏两季的冷暖温差较大，纬度高，冬天较为寒冷。

全县细分为四种气候。

熊本市年平均气温16℃—17℃，易于居住。虽然临着有名海，但熊本平原被夹在金峰山与阿苏山之间，夏季炎热，气温常超过35℃，傍晚一旦处于风平浪静的状态，便十分闷热。

这里年降水量虽为2000毫米，但40%的降水都集中在梅雨季节。冬天降雪较少，早晨气温骤降。

阿苏、上益城北部地区属于内陆性气候，是九州地区降雪最多的部分。九州山地、阿苏山每年都有较多降雪。冬天气温经常降到零度以下。就算周边地区气温都在35℃以上，但熊本的夏天却只有20℃左右，十分凉爽。降水量多，年降水量达2800毫米。

天草、芦北地区属于海洋性气候，冷暖温差小，年平均气温16℃—17℃，易于生活。

以人吉盆地为中心的球磨地区，地处内陆，且都是山地，所以夏季有时会有超过35℃，而冬季最低气温也能降到零度以下。年降水量多达2400毫米。

熊本县相关数据：

面积：7,409.44平方千米

总人口：1,775,337人（截至2016年10月1日）

人口密度：240人/平方千米

相邻都道府县：福冈县、大分县、宫崎县、鹿儿岛县

熊本城

阿苏山

熊本县人的性格特点

虽顽固但开朗

日本大致可分为东日本和西日本，若要让他们相互认识彼此的不同之处，恐怕就是地域上的差别了吧。对西日本的人来说，他们会觉得东日本是东北地区。在他们的印象中，中部地区、关东地区和自己一样，都属于西日本。

但在东日本看来，熊本一带和是自己很不一样的地方，且这种印象很强烈。也许是我个人的武断推测，他们甚至会认为四国的高知县，九州的熊本县、宫崎县、鹿儿岛县，属于不同的文化圈。

的确，熊本与汉城之间的直线距离要短于和东京的距离。

他们其至认为，从熊本县往南的人与自己也不属于同一民族。的确，在大和民族统一日本之前，南九州是雄袭国。并不是冲绳人的相貌与他们不同，而是很难拂去认为他们体内流着其他民族血的印象。而熊袭的典型代表就是熊本县。这里的人不同于佐贺县，让人感觉不到他们有不明朗或有封闭性。

而且，佐贺县尤其是以佐贺市为中心的地区，临着有明海这边不甚宽广的海，而熊本县则不仅临着有明海，还有八代海以及外海的东海，所以这里的人们就多了份开朗，且更有开放性。

他们虽然不那么洒脱，但认真且纯粹，不会使用阴招，不耍弄小伎俩，因此好像几乎没有人说熊本人的不好。

但他们的纯粹让他们不善于控制自己，时常只顾自己，让周围人按照自己的步调行事。无论是谁，都会说"我怎样，我怎样"，且在行动中也这样表现出来。

因此，在表达同一件事情上，熊本县人因过于直截了当而多受损。在这一点上，他们与高知县人很像。

女人较强势的熊本县

"当地人固执"主要说的是男性，但女性也毫不逊色。在熊本县明治以后，因女性地位上升，所以女性也积极主动地行动起来。人们用"猛妇"来形容女性，虽然多少让人感到有些失礼，但也让人看到了熊本女性的活泼及任性。

在熊本县，就职于企业和政府机构管理层的女性比例，居全国第五位。也许是因为有强壮男人的地方就会有强势的女人。

提到熊本县出身的女性名人，人们就会想起古闲美保、上田桃子、不动裕理等职业高尔夫球手。这份职业就是一个完全靠实力分胜负、完全靠自己的职业。

虽然雄本男人给人以豪放磊落的印象，但胆量却意外得小。

他们会很轻易地迎合强者，也就是说，如果是与自己实力相当的对手，他们会坚持到底，实在坚持不下去时就会轻易地举白旗。这也许是因为熊本男人缺少韧性吧。

他们喜欢通过个人努力获得成果的工作

如突然被问道"熊本县的特产是什么"，会一时想不起来，但熊本最为人知的食物就是生食马肉。马是一种贵重的家畜，也常用于农业生产。从生吃马肉这件事，可以看出熊本人勇猛的一面。

其实，熊本县的西瓜、丑橘、甘夏桔等水果的产量位居全国第一，且像这些让熊本县自豪的东西不在少数。

当地人充满智慧，却总让人感受不到。他们在工作上十分努力，喜欢做只要付出个人努力就能有成果的工作，如农业等。熊本县从事第一产业的就业者比率还是相当高的。

熊本县县内近六成的面积被森林覆盖。北部的群山也都是较平缓的山，所以这里给人的印象就像是福冈县的延伸。东南部被海拔 1000 米的群山包围，随处可见美丽的溪谷。

在环境厅选定的"名水百选"中，熊本县内有四处（百川水源、池山水源、菊池水源、轰水源）入选。这些都证明了阿苏山丰富的地下水有多美。

此外，让人惊讶的是，据说熊本县的县政府所在地熊本市的自来水几乎 100% 来自地下水。这在全国也实属罕见。

有意以福冈县为竞争对手

从 1979 年起的 22 年间，熊本县人的献血率居全国第一。雄本人一直以西南战争时创设了博爱社（日本红十字会前身）为荣。

而且，正如"熊本的顽固、萨摩的勇气"所指，这里的人们为守住第一也是执拗到底，但这正是熊本县人特有的气质。

熊本县与福冈县的争执，还是因为争强好胜。关于九州最有实力的县，大家都认为是福冈县，但熊本县人并不同意这种看法。

熊本市几乎位于九州的正中心，正是因为这样的有利地理位置，自明治时代（1868 年—1912 年）后半期的很长一段时间里，很多政府的外派机构都设置在这里。当然，一方面也是为了牵制在西南战争中背叛中央政府的鹿儿岛县；另外，这里也驻扎了陆军的步兵师团，所以这里也作为军事城市发展了起来。

但是战后，尤其是国家经济完成高度发展之后，九州的中心也转移到了福冈市。这是熊本县人很难接受的事实，他们对福冈的竞争意识要比想象中的更强烈。因此在熊本，表扬福冈是被禁止的行为。

的确，无论是地理条件还是历史背景，福冈不仅是九州与本州交往的玄关口，也是九州与亚洲各国进行交流的窗口。这里长时间与海外频繁交流，所以这里的人们充满了智慧。

熊本县的重要数据和知名人士

熊本县在日本名列第一的几个领域

领域	数值
西红柿产量（2014年）	125,700 吨
西瓜产量（2014年）	54,200 吨
甘夏桔的产量 [2013年]	11,866.1 吨
甘柿种植面积（2013年）	129.7 公项

熊本县出身的名人

政界

　　金子恭之（朝雾）

　　木原稔（熊本市）

园田博之（天草市）

马场成志（熊本市）

林田彪（长洲町）

藤末健三（熊本市）

松野赖久（山鹿市）

松村祥史（朝雾）

蒲岛郁夫（山鹿市）

商界

久保田丰（阿苏市），日本工营创始人

高木第四郎（熊本市），弘乳舍创始人

立石一真（熊本市），欧姆龙公司创始人

光永星郎（冰川町），电通创始人

文化界

石牟礼道子（天草市），作家

梶尾真治（熊本市），作家

田中芳树（天草市），作家

中山千夏（山鹿市），作家

泽宫优（八代市），作家

叶祥明（熊本市），绘本作家

武田双云（熊本市），书法家

纪里谷和明（朝雾），摄影家

姜尚中（熊本市），政治学者

有吉京子（熊本市），漫画家

内山安二（水俣市），漫画家

江口寿史（水俣市），漫画家

江崎实生（熊本市），电影导演

黑土三男（熊本市），电影导演

小山薰堂（天草市），综艺节目编辑、编剧

演艺界

内村光良（人吉市），喜剧艺人

山本纱衣（熊本市），演员

森高千里（熊本市），歌手

阵内贵美子（八代市），演员

胜野洋（小国町），演员

财津一郎（熊本市），演员

永岛暎子（八代市），演员

夏川结衣（八代市），演员

宫崎美子（熊本市），演员

青木美保（熊本市），歌手

岛津亚矢（熊本市），歌手

水前寺清子（熊本市），歌手

原田悠里（天草市），歌手

八代亚纪（八代市），歌手

体育界

立冈宗一郎（芦北町），读卖巨人队队员

藤村大介（熊本市），读卖巨人队队员

岩岩祐太（熊本市），阪神虎队队员

荒木雅博（菊阳町），中央联盟成员

沟胁隼人（玉名市），中央联盟成员

高崎健太郎（甲佐町），横滨海湾之星队队员

松冈健一（玉名市），东京养乐多燕子队队员

山中浩史（天草市），东京养乐多燕子队队员

猪本健太郎（天草市），千叶乐天大海队队员

植田直通（宇土市），鹿岛鹿角队队员

大谷幸辉（熊本市），新潟天鹅队队员

三原雅俊（熊本市），神户胜利船足球俱乐部成员

冈本贤明（熊本市），熊本深红足球队队员

卷诚一郎（宇城市），熊本深红足球队队员

杉山哲（宇土市），札幌北海道人足球俱乐部成员

青山加织（熊本市），高尔夫球员

有村智惠（熊本市），高尔夫球员

上田桃子（熊本市），高尔夫球员

清元登子（熊本市），高尔夫球员

古闲美保（熊本市），高尔夫球员

紫垣绫花（熊本市），高尔夫球员

内柴正人（合志市），柔道运动员

熊本县特有的风味美食

马肉

马肉所含脂肪少、胆固醇低且肉质温和。因为红色的马肉一接触到空气会变成粉色,切好的马肉块便会让人想起樱花花瓣,所以马肉也叫"樱肉"。因为马的习性,有时也被叫作"踢飞"。

熊本县一望无际的阿苏山放牧地是军马的生产地,太平洋战争之前,马肉比牛肉、猪肉便宜且容易买到,是普通百姓的食物。1950年后半期,料理店也开始提供马肉。

马肉的特点是低热量、高蛋白,糖原含量是牛肉的三倍。

夹有脂肪的马肉刺身,其味道可与含有脂肪的金枪鱼相媲美,具有较高人气。另外,也可以做成烤肉、火锅,可烤着吃、炖着吃,有与牛肉、猪肉一样的菜单。

芥末莲藕

这道传统美食有着 300 多年的历史，最初是禅僧玄泽为病弱的肥后第三代藩主细川忠利推荐的一种食物。其做法是在营养价值高的莲藕的孔内放入豆酱，上面衣、用油炸制而成，虽是一种简单的食物，但很有嚼头且，还能让人品味到芥末的刺激。

据说芥末莲藕的断面因为和细川家的家徽很像，所以一直是一道未公开的料理，普通百姓在明治时代之后才开始吃这种食物。现在芥末莲藕已经作为美味及营养餐为众多人食用，也是年节菜中不可缺少的一味美食。

速成饼

这种饼看上去类似于大福饼，它是将切成圆片的红薯和小豆一起做成馅儿，把面筋或小麦粉揉好、摊平，将馅儿包好，上锅蒸即可，是一种当地每个家庭都会自制的点心，也叫作"速成饼"。

即使突然有客人来访，主人也能很快地准备好，以招待客人，所以才会用"速成"这样的词命名。

冲饼

这是一种人们在寒冷季节吃的食物，熊本流的做法是往豆酱或酱油味的调料汁中放入牛蒡、胡萝卜、芋头、猪肉等进行烹煮，最后将做好的饼用手撕开、放入调料汁。

中国游客不可错过的熊本县景点

宫崎兄弟资料馆

在熊本县,"宫崎四兄弟"指的是因支持孙文而知名的八郎、民藏、弥藏、寅藏(后来号滔天)四兄弟,他们是当地人的骄傲,一直被人所传颂。

荒尾市的宫崎兄弟资料馆为弘扬他们的功绩而建。因为四弟滔天与孙文在思想上产生共鸣、建立了深厚友谊,所以在这里能看到与中国革命以及孙文有关的详细资料。

这里有再现孙文与滔天相对而坐、进行笔谈时的人体模型,也有孙文为宫崎家人拍摄的纪念照片中作为背景的那株梅花。

在资料馆内,还有被熊本县指定为史迹的"宫崎兄弟的老家",这里被当作中日友好的象征。

荒尾运动公园

在荒尾市,荒尾运动公园的外面立着孙文和宫崎滔天的彰显碑，它的正式名称叫"孙文、滔天两先览回天纪念像"，上面有两个人的浮雕像。此碑立于50多年前的1965年。

它的旁边立着"日中友好发祥圣地纪念像由来之碑"，这座碑立于1986年。

孔子公园

这座公园位于菊池市泗水町丰水，与泗水站相邻。

这里有孔子及他的众弟子像，整个庭院的建造完全是中国宫廷建筑样式，展示的是《三国志》、风花月雪的世界。

园内的资料馆中陈列着古代中国的资料及与孔子相关的书籍，在这里可以感受到中国文化和孔子的思想。

东林寺

这是一座位于人吉市的黄檗宗寺院，1680年由天瑞建造而成。据说天瑞是在高野山被赠与弘法师五钴杵佛具的僧侣，他是爱知县名古屋市兴正寺的第一任住持。

天瑞是开山鼻祖，东林寺也是有着历史渊源的寺院，外界对它的评价很高。据说和歌诗人与谢野铁干和他的夫人晶子曾来过此寺。

在这里，可以吃到从中国传来的精进料理（普洱料理），但必须得提前预约。

与中国省市结成友好城市的行政自治体

熊本县——广西壮族自治区

1980年,中日友好协会副会长访问熊本县,并提议与熊本县结成友好县区。以此为契机,双方多次进行协商。1981年,召开了"熊本、广西壮族自治区友好促进县民会议",1982年5月,双方在广西壮族自治区的首府南宁市签订了友好协议。

熊本市——桂林市(广西壮族自治区)

积极准备与中国的城市结成友好城市的熊本市,于1979年"中日友好之船"的团长向桂林市提出结成友好关系的议案。同年7月,熊本市派遣友好城市缔结先遣团来桂林市,缔结友好关系活动的进展较快。同年10月,熊本市在实现市制90周年的纪念典礼上招待了桂林市友好访问团,双方签订了友好城市协议。之后熊本市的"市民之翼"访问团来桂林市访问,双方关系进一步加深。此外,双方在解决保护地球环境问题、观光合作、高中生与留学生的相互派遣等领域展开广泛的交流。

熊本市——苏州市虎丘区（江苏省）

为提高在中国及东亚地区的知名度，熊本市于2012年与熊本大学共同设置了上海事务所，积极开展本市的宣传活动。2013年，熊本市与虎丘区多次进行了行政上的相互访问，友好关系进一步加深。同年5月，双方在友好城市结成协议上签字。后来虎丘区被并入姑苏区。

八代市——北海市（广西壮族自治区）

这两个城市都是港湾城市，也都是工业城市，在这一共同点的基础之上双方开始了交流活动，1996年3月，正式结成友好城市。

玉名市——瓦房店市（辽宁省）

1991年5月，当时的玉名市市长作为日本访华文化交流亲善考察团的特别顾问，访问了辽宁省大连市。当时的大连市市长向他介绍了直辖市的瓦房店市。以此为契机，同年11月，玉名市组成民间友好亲善使节团访问大连市及瓦房店市。之后双方多次进行互访，加深交流与彼此的理解。1994年10月，玉名市市制实行40周年时双方签订友好城市议定书。双方关系缔结，之后在体育、经济等多方面进行交流。2005年10月，旧玉名市、旧岱明町、旧横岛町以及旧天水町合并，成立了新的玉名市，继续与瓦房店市达成友好城市关系。2006年10月，双方继续签订友好城市协议。

菊池市——泗水县（山东省）

现在叫"菊池市"，原来与泗水县结成友好城市关系时叫作泗水町。1889年，时任第一任村长的汉学家西佐一郎将这个村命名为"泗水"，而泗水町就是沿用了这个名字。

据说西佐一郎尊崇儒学、敬重孔子，他觉得泗水村这个地方与孔子的诞生地山东省泗水县地形相似，此外他也希望这里能发展成为有丰富产业的文教之地，故将此地命名为泗水。

也有人说这个村诞生之时属合志郡管辖，"合志"与"孔子"同音（发音相似），因此就有了"泗水是孔子诞生地"的说法。

泗水町为纪念"泗水之名"诞生100周年建造了"孔子公园"。1994年9月，在泗水町举办"孔子祭祀活动"时双方签订协议。2005年3月，泗水町与菊池市、菊池郡七城町、旭志村合并成立新的菊池市。合并之后，双方于2006年11月再次缔结为友好城市关系。

小国町——登封市（河南省）

小国町的居民为提高统率能力，自1956年起努力普及少林武术。1993年，这里举办了海外第一次少林武术公演。1997年起，他们开始派遣人员去中国河南登封市学习武术，1998年3月，两市町结成友好城市。

六 宫崎县

富饶自然赋予了宫崎人开朗的个性。

简　介

近年很多人从首都圈和关西移居至宫崎县。这儿的夏天的确很热但却干爽，冬天天气暖和适合居住。这里一年之内的日照时间、晴天的时间较长，正如它的旧国名"日向"，这在九州也是数一数二的。

直至1970年中叶，蜜月旅行的圣地不是夏威夷、关岛，而是宫崎。这里体育运动选手人才辈出，大概也是因为经常在室外训练吧。这里被选作专业棒球、日本职业足球联赛的训练营所在地，也在情理之中。

这里的人不喜争辩，顺其自然之性格尤为明显。支持县内经济的农业、畜牧业也与自然相得益彰，十分契合这儿的县民性。其代表有芒果、宫崎牛。

然而，这里南北较长，生活在不同地区的人们，语言和性格也有很大差别。宫崎县南部的城市，如一直与萨摩（鹿儿岛县）接壤的都城市等地方，那里的居民与鹿儿岛人相似，性格腼腆却也倔强。而位于中部及北部地区的宫崎市、日向市、延冈市等城市的居民，待人亲切，性格爽朗。这也许是因为这儿的商业气息不是那么浓厚，物价普遍较低。同时也是吸引很多外地移居者的原因。

宫崎县的与众不同：

①当地人上下班所用的时间，居日本最短。

②这里的海岸线较长，海浪的种类繁多，被称为冲浪的圣地。

③黄瓜的产量居日本第一。

宫崎县的地理状况和气候条件

宫崎县的县公署位于九州东南部的宫崎市。该县北临大分县,西接熊本县,南与鹿儿岛的各县毗邻,东临日向滩(太平洋)。

宫崎县内75%的面积为山地,是座名副其实的山县。此外,海岸线长达400公里,是日本为数不多的自然风景优美之地。

其代表之处有与鹿儿岛接壤之处的雾岛山地,与熊本县接壤处的具有神秘色彩的V字型峡谷高——千穗峡谷。1934年,这一带和云仙、濑户内海一起被指定为日本最早的国立公园。

从大分县至宫崎县,直线距离120公里的日丰海岸,是代表日本的里亚斯型海岸。其中,位于日向岬(细岛半岛)突出部分的"马之背"(天工斧凿般的悬崖峭壁,从海面高达70米。马之背的意思是马的脊背,因其地形与马的脊背相像而得名。——编译注)是人间绝景,为世人所知。

另外,宫崎市青岛境内的"鬼之洗衣板"是700万年前海中的岩石隆起,长时间受海浪冲洗,存留下的坚硬砂岩层,远看像是层层叠叠的板,故而得名。

千穗峡谷

鬼之洗衣板

无论是日照时间还是降水量，宫崎县都在全国位居前列。艾比诺高原、鳄塚山也是为数不多的多雨之地。

夏季受季节风影响，闷热天气持续，但因为有海风，温度并不是很高。

夏秋两季台风较多。台风临近前伴有湿热的东风及长时间的降雨。所以，这儿有时受害较严重。

冬季多见干燥的西风，晴天居多。加之此处日照较多，天气温和，很多体育队的训练营在此安营扎寨。另外，在此体验高尔夫乐趣的人也不在少数。宫崎市以南的日向滩沿岸，霜降较少，属于无霜地带。

在平原地区，极少降雪或积雪。然而，在九州山地常有积雪，甚至可称为是日本最南端的天然滑雪场。

另外，呈盆地状的艾比诺高原海拔1150米，是九州最寒冷的地方。1968年2月的温度记录为零下20.2℃，是九州地区的最低温度。

宫崎县相关数据：

面积：7,735.31平方千米

总人口：1,095,863人（截至2016年10月1日）

人口密度：142人／平方千米

相邻都道府县：熊本县、大分县、鹿儿岛县

宫崎县人的性格特点

富饶环境养育了宫崎人的大方性格

提到宫崎县,很多人的认识差不多都是这里是职业棒球读卖巨人队的训练营所在地之类。也可能会有人想起曾经是"武军团"的一名喜剧艺人(艺名是"SONOMANMAHIGASHI")的东国原英夫。他后来成了县知事,亲自带头做各种宣传活动,一时间成为人们茶余饭后的话题。当提到宫崎县时,也许会有人想起他,进而想到宫崎县是哪里。

东国原就任知事不久,"宫崎"没有一天不出现在大众媒体上,人们每天都能看到、听到它。

2007年1月,他就任之后,有人(关西大学研究生院宫本胜宏)估算他一年带来的经济效果,竟达到492亿日元。据说这是来宫崎县观光客人的消费额、宫崎特产的销售额、招揽企业投资额三部分加在一起的金额。也有报告称,如果加上媒体宣传效果进行估算的话,会达到惊天数值1000亿日元。

因为东国原知事积极的宣传活动,熟透的芒果"太阳之卵"、鸡肉"地头鸡"等特产也都成功品牌化。

但最初开始这样做的人,是十多年前的农林水产出身的松形祐尧知事。松形挑头发起的"生产独自的特产"的方针对县内的农民产生了很大的冲击。总之这要花费十年时间。松形之所以打出这样的主题,是因为他想试图改革这里人的意识。

他们在性格上较悠闲,对于他们来说,长时间集中于一件事这还是第一次。当这个决策正见效果时,东国原刚好就任知事。

但特产品牌化,完成在全国的宣传之后,开发新产品自不必说,重要的还是得维持人们的积极性。产品的持续发展与维持都是宫崎县的人很不擅长的事情。

那么当被问道"宫崎县人的性格特点是什么"时,他们没有什么特点能让人立刻想到。

的确,宫崎县的整个东面都临着太平洋,它的旧国名叫作"日向"也是完全可以理解的。

也有人这样认为,如果朝着太阳升起的地方,每天都能呼吸到新的气息的话,那么就会充满精力,干劲满满地度过每一天。

然而这也并非完全是荒诞的看法。更何况,这里的人们生活在如此靠东的地方,面朝黑潮暖流充斥的大海,且地势宽阔。生活在这种环境的人,性格自然会变得更开朗吧。

从笔直的海岸线远望太平洋,哪怕只是在这里短时间逗留的游客,也会在此刻变得心胸宽广、悠然自得。这里森林面积广阔,生活在这里的人们一定有着近乎自然的独特气质。

的确,宫崎县的西部被群山包围。据说平安时代(794年—1185年)末期,与源氏之战中败与源氏的平家逃亡者看到这个地方并住了下来。这会让人有这样的疑虑,是不是他们也有可能会变得内向。

但即使这样,流经日南海岸远处东南海面的黑潮——受太平洋影响较大,那里阳光普照,亚热带性树木生长茂盛,孕育出的充满朝气的性格正是宫崎县人最大的特点。

宫崎流的顺其自然

顺其自然是宫崎县人特有的性格,有人认为台风对他们的性格养成具有很大的影响。

生活在这里的人们,每年都经历着辛辛苦苦种植的农作物被大大小小的台风一夜之间摧毁的悲惨之事,人们也不知从何时起已放弃应对台风。

如将土地放置一段时间,自然界还会再赐予我们肥沃的大地,正如高松光彦在《九州的精神风貌》中所写:"自然的考验,不要把它当作考验,此时可放弃也可顺从,可懒惰也可敷衍了事。这之后自然会再赐予我们恩惠,而并不需要我们励精图治。"他们已有了强有力的生存之道。人们将这种生存方式命名为"日向台风后遗症""日向白痴"。也就是说,他们对台风已习以为常。

宫崎县气候温暖。一年的日照时间在全国排第十九位,晴天的日数在全国排第四,平均气温全国第三。生活在这样环境中的人,往往没有上进心,缺乏进取精神,总之他们性格温和、是老好人。宫崎县人不乏其例。

在延冈有个词叫作"YODAKI",据说它的意思是凡事都懒得做。他们对待事情时不是"先自己行动起来,着手做",而是"顺其自然"。这个词确实应该能够表现宫崎县人的性格特点。

很多宫崎县人非常老实,做事缺乏积极性,从这一点上也能看出他们顺其自然的性格特点。"日向滩"如字面意思,是一条很直的海岸线,长60公里左右,从日向市一直延伸至宫崎市的南面。人们的性格犹如这日向滩,十分平坦、缓和。

对宫崎县来说,2010年是坎坷之年。因为口蹄疫、禽流感等事件,乳畜业、养鸡业的人遭受了巨大的损失,再加上积极做宣传的东国原知事仅在任了一期四年就辞职了,使得宫崎的良好发展势头急速下降。

所幸的是,此事终得以平息,但它引发的问题应该会影响到之后很长一段时间。对于其他县的人来说,也是一件十分让人担心的事情。

但宫崎县的人并没有感到那么大的压力。因为他们自古就习惯了天地变异,深知这些灾难仅靠人为努力也是避免不了的。在他们每个人的心里,都有着"总会有办法的吧"的乐观主义精神。

因此,他们有时也很难挥汗如雨、充满干劲地工作,虽朝前看,但并不是积极的,也不会将逆境作为前进的动力——这就是宫崎人的性格特点。

但他们重人情、热爱家乡，尽管他们看上去悠闲、不紧不慢，但相互合作直到最后的宫崎人，都会比较合拍。

宫崎县人一直就是这样过来的，而且以后估计也不会有什么变化。他们都坚信，这里是天孙降临之地，是受神灵庇佑的地方。

据《日本书纪》《古事纪》记载，迩迩艺命奉天照大神之命，治理日本，他从高天原将至日向国的高千穗峰。这就是天孙降临的传说。

据说高千穗峰山顶上的青铜器天逆鉾就是迩迩艺命降临在此的证据。关于天逆鉾有段很有名的事，即幕末时，坂本龙马和他的妻子龙在日本第一次新婚旅行时来到这个地方，在给故乡土佐（今高知县）的姐姐乙女的信中这样写道："把它从地面上拔了完事。"由此可见他们很不喜欢这个神话。

高千穗峰是座海拔 1574 米的火山，位于宫崎县和鹿儿岛县的县境上。

旅游胜地，养老不二之选

即使不知道宫崎县人的性格特点，但宫崎县对习惯城市生活的人来说仍是充满魅力的。因为按现在的话来说，这里给人的印象就像是在夏威夷这样的避暑圣地，能缓解城市生活的压力，而且也是退休之后居家生活的不二之选。但生长在这样环境中的宫崎县人，好像并没有注意到这些。

白桦派作家武者小路实笃曾经提出过这样的设想："这里

的人们在自己有劳动能力时劳动,可不用担心吃、穿、住,为维持生存大家努力营造一个不需要金钱的社会。人们可以在这里享受自由、发挥个性。"他创办《新村》杂志时,就是在宫崎县中心地的儿汤郡木诚村(今木城町)。

但实笃的设想不久后就夭折了,七年后他离开了村子。纯真无邪的理想家、城市人——实笃是东京出身,曾在东大学习中途退学——他给人的一心向往乌托邦的印象倒是很适合宫崎县。不知道大家是否知道这些,总之现在有很多人想老了之后从东京、神奈川移居这里。

在宫崎县的政府官网主页上有这么一个栏目,名为"宫崎的土地",登载的是土地售卖信息,配有地图、测量图、照片等。很明显,他们一定是认识到了一些人的需求。对于一直在城市中过着辛苦生活的人来说,这里是最合适不过的养老之地了。

宫崎县的重要数据和知名人士

宫崎县在日本名列第一的几个领域

领域	数值
黄瓜上市量（2014年）	60,800吨
青椒产量（2013年）	28,200吨
金橘产量（2013年）	2,572.4吨
食用牛饲养头数（2013年）（每10万人）	22,330.36头
老人院数量（2013年）（每10万人）	107.1所

宫崎县出身的名人

政界

江藤拓（门川町）

古川祯久（串间市）

武井俊辅（宫崎市）

上杉光弘（西都市）

中山成彬（小林市）

松下新平（宫崎市）

福岛瑞穗（延冈市）

轰木利治（三股町）

商界

岩切章太郎（宫崎市），宫崎交通株式会社创始人

山田升（宫崎市），山田电机创始人

熊本浩志（宫崎市），Amadana（正牌舰队）创始人

文化界

伊井直行（延冈市），作家

菊池重三郎（北方町），作家、翻译家

大暮维人（日向市），漫画家

三浦浩子（日向市），漫画家

洼田将治（宫崎市），电影导演

内藤隆嗣（日向市），电影导演

山内达哉（都城市），作曲家

济阳高穗（都城市），医学者

演艺界

小坂恭子（日南市），原创歌手

今井美树（高锅町），歌手

浅香唯（宫崎市），影星

蛯原友里（宫崎市），时尚模特

神户兰子（宫崎市），时尚模特

斉藤庆子（小林市），演员

八神康子（小林市），演员

永濑正敏（都城市），演员

温水洋一（都城市），演员

江藤博利（都城市），演员

体育界

青木宣亲（日向市），美国职业棒球大联盟成员

加治屋莲（串间市），福冈软银鹰队队员

下园辰哉（宫崎市），横滨水手足球俱乐部成员

武田翔太（宫崎市），福冈软银鹰队队员

浜田智博（宫崎市），中日龙队队员

柳裕也（都城市），中日龙队队员

伊野波雅彦（宫崎市），磐田喜悦足球俱乐部成员

兴梠慎三（宫崎市），浦和红钻成员

园田拓也（宫崎市），熊本深红成员

吉丸绚梓（都城市），神户胜利船成员

宫崎县特有的风味美食

冷汤

将烤好的白身鱼和芝麻、豆酱用蒜臼碾碎,稍加烘烤即可做成香喷喷的豆酱,将做好的豆酱溶入调料汁中冷却,放入绿紫苏、黄瓜、豆腐,做成后放在热腾腾的麦米饭上即可食用。这种吃法是宫崎县农村的独特吃法。

之前是将烘烤好的豆酱溶在水里,把田里种的黄瓜、青椒等切碎放入,然后盖在麦米饭上吃。这是农忙时在田间地头不大花精力就能做好的一种食物。

红烧鸡肉

以前很多农家都在自家院子前养鸡,一到新年或有祭祀活动时就会把鸡杀掉,做成刺身或做炖菜、做鸡汤等。这就是所谓的"行事食",即将鸡肉切成能一口吃下去的小块,在鸡肉块上加入热水,再放入到干香菇调制的料汁中煮,然后再放入白萝卜、胡萝卜、牛蒡、芋头、蒟蒻、香菇等，用酱油、砂糖、日式甜料酒调味，小火慢炖就可做成。

竹筒鸡

以前人们在山林里劳作或干农活儿中间休息时，会用竹筒在山谷里的小河中打水。他们在水里放入茶叶，用篝火烧热喝。

之后因为竹筒有青竹的香气，所以人们就将鸡肉块和新采摘的蔬菜混在一起放入竹筒中蒸。这样做出来的就是竹筒鸡。现在是高千穗一带的民间料理。

大油炸豆腐

据说这是九州山地的宫崎县西北部在庆祝活动或祭祀活动时不可缺少的一道美食。

因为手制的油炸豆腐个儿头很大，大小是普通油豆腐寿司的三倍左右。因此不知从何时起，就被称为大油炸豆腐。

在炸豆腐中填入的"菜饭"所使用的食材，当然是当地的农产品，主要有干香菇、胡萝卜、牛蒡、酒肉等，而且要放很多。

完熟芒果

宫崎县作为代表日本美味的芒果的产地而广为人知。这里的完熟芒果呈红色，形状很好看，看上去就很好吃。

完熟芒果的果肉很甜且口感滑润、柔软，是果中极品，吃一次或许将终生难忘。

果实完全熟透时,就会从树上自然落下,这时需要专人用网去接取。

中国游客不可错过的宫崎县景点

金山八幡宫

这是坐落在延冈市山下町的一座神社,位于可将延冈市一览无遗的今山顶上。

据说徐福为寻找蓬莱山的长生不老药而来到此山脚下,一行人将船停靠在岸边。他们所说的蓬莱山就是今山,延伸至山入口处的岩石被叫作"徐福岩"。

莲池史跡公园

此公园位于宫崎市芳士,面积很大,有18万平方米。这里的莲池横穴群建造于古坟时代后期,被指定为国家的古迹。

据推测,这一带曾经是海岸,徐福在此靠港停泊。

与中国省市结成友好城市的行政自治体

宫崎市——葫芦岛市（辽宁省）

1999年，葫芦岛市副市长一行人访问了宫崎市，双方自此开始交流。宫崎市于2001年5月成立中国友好城市交流研究会，开始研究与中国的交流形式等。同年11月，宫崎市派友好城市交流考察团访问葫芦岛市。2002年8月，宫崎市一方面向葫芦岛市派遣中学生中国友好交流访问团，另一方面也接待了葫芦岛市的青少年友好交流访问团，这两次都是有意义的交流活动。2003年11月，宫崎市市长访问葫芦岛市，加深了双方的交流。2004年5月，双方正式签订友好城市协定。

都城市——重庆市江津区

时间追溯到1940年的中日战争，八路军的聂荣臻将军（江津出身）曾救出过居住在都城市的梽美穗子。这段美谈经过30年，在中日两国邦交恢复正常时期成了一个大话题。进入

80年代,聂荣臻元帅提议都城市与江津区建立友好城市关系,这成了两市区开展交流活动的契机。1998年4月聂荣臻元帅的遗子聂力女士作为中华全国妇女联合会的副会长访日,据说当时她提出:"江津市和都城市结成友好城市是元帅的遗志。江津市市长也希望能达成他的这一愿望。"

1999年9月,双方在市议会上经过议决。同年11月,在江津市双方正式签订友好城市协议。2006年10月,江津市在改名为重庆市江津区,双方的友好城市关系保持不变,直至今日。

延冈市——大连金州新区(辽宁省)

双方结成友好城市源于延冈市在大连市金州区开办企业,2007年双方交换了关于缔结友好城市关系的备忘录。之后,双方以地方企业为主,在行政、议会、民间团体等方面,进行了多次交流。2012年5月,双方正式签约。2010年,金州区与大连经济技术开发区合并,变成大连金州新区,但继续保持双方关系。

日向市——潍坊市(山东省)

日向市拥有在东九州首屈一指的贸易港口细岛港,外国的船只频繁出入这里,也有很多中国的船只在这里靠港。另外,细岛港也是向中国输出木材等资源的据点。1982年11月,日向市向中日友好协会会长报送了以市长、议长名义的关于友好交流的书信,中日友好协会介绍了潍坊市。1983年,以市长为首的代表访问了潍坊市，之后双方在行政、文化团体、经济团体以及医师会代表团等方面进行了多次互访。双方友好交流的趋势高涨，1986年2月双方签约成为友好城市。

串间市——安国市（河北省）

2005年10月，为考察、体验中国养生法及药膳，串间市市长、议会议长于访问了北京市、成都市、天津市。1996年1月，以做好的调查报告为基础，讨论缔结友好城市的对象，最终确定为安国市。同年2月，串间市送去市长亲笔书信，受安国市市长邀请，串间市市长与友好代表团一起访问了安国市，两市长签署了两市缔结友好城市关系的备忘录，约定双方在将来互助合作、共同努力。同年4月，安国市市长的三名友好亲善代表团访问了串间市。1997年9月双方缔结友好城市关系盟约。

七 鹿儿岛县

鹿儿岛人内心的坚强,不是表现在语言上,而是体现在行动中。

简　介

鹿儿岛县位于九州南部，是江户时代（1603年—1867年）整个日本的最南端，明治维新时与本州最边上的长州（今山口县）一起发展而来。

萨摩（旧藩名）之所以能够处在维新的最前沿，是因为这里的人们善于探求新事物。他们对事物的探求心主要源于"乡中教育"。只要是生于同一地区武家的、从五六岁至刚过二十岁的孩子，每天都汇聚一堂，学文习武。这里培养出的人才多得数不清，如西乡隆盛、大久保利通等。

当地人受樱岛火山的影响很大。牧口常三朗曾在《人生地理学》中指出，这里的人们整日面对火山，所以性格也很干脆、豪放。

即使是在日本，也能感受到独特的异国情趣，因为这里自古就是幕府秘密与琉球等海外进行贸易往来。也许是因为藩主岛津氏严令禁止这里与其他藩之间交流，致使当地人极其独立自主。有时他们也会做得较为过火，但如果从他们奠定了近代日本社会基础的功绩来看,也是有其魅力之处的。

鹿儿岛县的与众不同:

①这是日本唯一一个有火箭发射设施(种子岛宇宙中心、内之浦宇宙空间观测所)的县。

②全县四分之一以上的面积是孤岛。

③这里有树龄7200年的屋久衫、根部圆周长达33米的大樟树和日本第一大铁树等很多独一无二的树木。

鹿儿岛县的地理状况和气候条件

鹿儿岛县在九州最南部的鹿儿岛市设立了县厅。整个县以岛的形式位于九州的部分，被称为"县本土"，主要是萨摩和大隅两个半岛。这两个半岛的名称也就这样直接做了旧国名。

南方有散在着的605个孤岛，主要有由种子岛、世界遗产屋久岛等组成的大隅诸岛、吐噶喇列岛、奄美群岛等，它们统称为萨男诸岛。有人居住的岛，最大的是奄美大岛，最小的是新岛，还有位于最南端的与论岛。

这里岛屿较多，鹿儿岛县的海岸线距离为2722公里，南北之间的距离长达600公里。

雾岛山、樱岛等，不仅自然景观资源丰富，而且温泉数量较多，约有2730处左右，仅次于大分县，位居全国第二，或许是这里火山较多的缘故。

在鹿儿岛县集中了九州17座火山中的11座火山。众所周知的樱岛、屋久岛西面的口永良部岛和位于宫崎县交界处的雾岛连山、中央部的新燃岳，这几年也多次火山喷发。

致使市民生活受到威胁的樱岛与现在的大隅半岛相连，以前这个岛就如它的名字是座"岛"，但由于1914年的一次火山大喷发，它与陆地毗连在一起。樱岛的大部分是御岳山，除最高峰北岳和拥有目前活动依然频繁的昭和火山的南岳外，还有很多寄生火山。

在鹿儿岛县这里，除雾岛连山外，大部分都是由火山喷发物堆积而成的白沙高地，排水性好，但地质较脆。另外，在鹿儿岛本土，几乎所有的市町（鹿儿岛本土没有"村"）都被群山包围，极少有低地和平原。

因鹿儿岛县南北跨度较大，所以当地气候差别很大。

鹿儿岛樱岛火山

鹿儿岛县本土，夏季日照时间长且雨水量大，冬季容易受到寒气的影响，多见严寒天气。因其位于九州的最南方，所以容易让人想到这里定是温暖的，但在县北部的伊佐市等地，常有积雪。

屋久岛的山岳地带几乎每年都有平原地区都少见的积雪，所以这是日本最南端的积雪观测地。

另一方面，位于南部的奄美群岛属于亚热带地区，夏秋两季台风较多。其中奄美群岛、吐噶喇列岛、大隅诸岛，是日本数一数二的"台风银座"。事实上，自1951年之后，日本台风登陆次数最多的地方就是鹿儿岛县。

鹿儿岛县相关数据：

面积：9,186.99平方千米

总人口：1,637,847人（截至2016年10月1日）

人口密度：178人/平方千米

相邻都道府县：熊本县、宫崎县

鹿儿岛县人的性格特点

鹿儿岛是独一无二的

每年4月（有时是5月），东京、涩谷以及道玄坂的繁华大街一带，都会举办"涩谷、鹿儿岛小原祭"，有数千人参加。在鹿儿岛市，70年前就有了"小原祭"，也就是所谓的地方版的"小原祭"

本家鹿儿岛市的小原祭，指的是人们和着民谣小原节、反哉节跳着舞，在街上列队而行的祭祀活动。这种祭祀活动的形式，除了鹿儿岛的小原祭和德岛县的阿波舞，其他地方都很少见。

阿波舞有着独特的魅力，不管是不是德岛县人都可以参加。小原祭的舞蹈朴素、质朴，好像参加小原祭的人几乎都是鹿儿岛人或是与他们有亲缘关系的人。对于首都圈鹿儿岛县的人来说，舞蹈能让自己与老乡在他乡偶遇，也是一种特别的交际方式。

不仅如此，鹿儿岛人还能把小原祭带到东京，可见他们的爱乡之心有多强烈。此外，几乎所有的鹿儿岛人，都将西乡隆盛（江户时代末期的萨摩藩武士、军人、政治家，明治维新的领导人。——编译注）视为最值得尊敬的人。

但过于强烈的爱乡之心对于其他县的人来说是种无形的境界线，给人以排他的感觉。

的确，江户时代的萨摩藩（鹿儿岛全境）就实行了极其严格的封闭政策。据说他们为了防范其他地区的人偷偷潜入鹿儿岛，便特意让藩民使用方言。

实际上很早之前，鹿儿岛县在九州就是一个极其特别的县。这里的语言、景观、对西乡隆盛的强烈崇拜、极端的男尊女卑等，都是其他县的人没有的惊人特征。所以，常有人发出"他们是日本人吗"这样的疑问。

我想，这些状况的出现，不单单是因为鹿儿岛县位于九州的最南端。在明治维新后的废藩置县活动中，让一个藩直接成为一个县，这种情况在全国也就只有鹿儿岛县和高知县。而且鹿儿岛县自镰仓时代（1185年—1333年）至明治维新，一直处于岛津氏的统治之下，故当地人难免有些与众不同的特质。

只在特定领域活跃的鹿儿岛人

萨摩藩曾经与长州藩（山口县）一起打下近代日本社会的基础，但两者又有着决定性的不同，那就是萨摩并没有将此事一直延续下去。维新之后，萨摩藩的人恐怕就只能耀武扬威到明治末期了。大久保利通是那时最成功的人，但他被暗杀之后，萨摩人就被长州人盖过了风头。

鹿儿岛人的共同特点，即冷淡、笨口拙舌、不善奉承，这难免给他们带来了不好的后果。总之，他们不适合做政治家、官僚。

鹿儿岛县三面环海，而且还是太平洋及东海。这里的岛屿之数量居全国第二，这里的人比长州人更开朗、爽快，且性情不定。

另外，相比追求出人头地，他们更倾向于享受当下。在很长一段时间内，县内的弹子球设置数量（每一万人）居全国第一。

对于好争论、韧性强的长州人来说，具有淡泊气质的萨摩人不是他们的敌人。

鹿儿岛县因常年受樱岛火山灰的影响，不适合农业发展，当地只种植萨摩芋（鹿儿岛人称其为唐芋）或者养猪，没有什么像样的产业。现在人均收入所得在全国排第45名（2003年数据统计），经济发展较缓慢。

也许是由于鹿儿岛人在持续自我封锁的700年间养成的个性，使得他们极其保守，很难接受新鲜事物。

比起学历，他们更注重实力；比起道理，他们更看重行动。很多年轻人人立志当警察或军人，现在日本的自卫队员、防卫官僚中就有很多鹿儿岛人。

因鹿儿岛人不断追求的精神，当地出了很多美术界、艺能界、体育界的大家、名人，如黑田清辉、藤岛武二、东乡青儿等美术巨匠。

倍受尊敬的"西乡殿"

据说在鹿儿岛县,禁止说关于西乡隆盛不好的言辞。

实际上,即使是现在,西乡的存在感也是强烈得超乎想象。自1877年西乡隆盛在西南战争中自杀以来,虽已过了140年,但当地人依然很亲切地、尊敬地称呼他为"西乡殿"。这种情况在其他县是极其少有的。

对于西乡隆盛这样名垂青史的大人物,萨摩藩的武士们都默默地服从他。"鹿儿岛人的西乡隆盛"就如同"超级粉丝们的长嶋茂雄(日本棒球队总教练——编译注)"。

"西乡殿就是西乡殿"不是其他的任何一个人。对鹿儿岛人来说,西乡隆盛就是永垂不朽的英雄。

与西乡隆盛、木户孝允一起被称为维新三杰的大久保利通同样也是鹿儿岛出身,但当地人并没有对他产生类似的亲近感。这到底是因为他与主张出兵朝鲜"征韩论"的西乡隆盛相对立,忤逆了人们的想法呢?还是因为他只是理论家不善于官僚之道?

40多年前,有人提议在鹿儿岛市内建造大久保的铜像,却引起了反对运动,可见人们对大久保的不满有多深。

男人血气方刚,女人内心坚强

鹿儿岛人自小就被教育"不要只讲道理"。比起讲道理,他们更重视行动。因此他们不善于深入思考问题。在鹿儿岛有这样一句谚语:"你站在高处,比起胆怯流泪,不如咬紧牙关跳下去！"（鼓励孩子从山崖跃入大海时，拿出勇气，勇敢地地跳下去）意思是说与其思考谋划，不如先行动起来。

对鹿儿岛人来说，理想的男性是"硬汉"，是血气方刚的豪杰。《新人国记》中有着这样的描述："他们生性刚强、血气方刚。他们以病死在床榻上为遗憾，而以战死沙场为荣，更是子孙后代引以为荣的事"。比起平淡无奇的人生，他们更喜欢波浪壮阔的生活。

鹿儿岛人虽平时质朴刚健、冷淡寡言，但心地十分善良。他们隐藏在内心的胆量一旦爆发，就会产生意想不到的能量。他们相互的团结之心尤强，如若抓住关键之处，便会像明治维新时那样做出一番动摇国家的大事。

鹿儿岛的女性多被称为"萨摩女"，其意为性格顺从，但内心饱含热忱，是男士们理想中的女性类型。她们大多不会应酬，不擅长奉承。比起巧言令色，她们更愿意默默行动做出成绩。这正是萨摩女子的真髓。

鹿儿岛县的重要数据和知名人士

鹿儿岛县在日本名列第一的几个领域

领域	数值
烧酒消费量（每人）（2013年）	26.89公升
猪的饲养数量（2014年）	1,332,000头
萨摩芋产量（2015年）	295,100吨
竹林面积（2015年）	16,171公顷
秋葵上市量（2012年）	4,930吨
J联盟选手（2016年）（每10万人）	2.58人
现役力士（2016年）（每10万人）	1.94人

鹿儿岛县出身的名人

政界

金子万寿夫（濑户内町）

小里泰弘（雾岛市）

森山裕（鹿屋市）

宫路拓马（加世田市）

野村哲郎（雾岛市）

宇都隆史（鹿儿岛市）

园田修光（鹿儿岛市）

商界

稻盛和夫（鹿儿岛市），京都陶瓷株式会社创始人

上野十藏（萨摩川内市），中外制药创始人

川崎正藏（鹿儿岛市），神户新闻社、川崎重工创始人

松方幸次郎（鹿儿岛市），川崎汽船、西日本铁道创始人

堀之内九一郎（鹿屋市），生活创库创始人

山本实彦（萨摩川内市），改造社创始人

村桥久成（鹿儿岛市），札幌啤酒创始人

文化界

黑天清辉（鹿儿岛市），画家

东乡青儿（鹿儿岛市），画家

藤岛武二（鹿儿岛市），画家

海音寺潮五郎（伊佐市），作家

桐野作人（出水市），作家

柳田理科雄（南种子町），作家

鬼塚忠（鹿儿岛市），作家

大石英司（鹿屋市），作家

井上雄彦（伊佐市），漫画家

甲斐谷忍（鹿儿岛市），漫画家

川原泉（指宿市），漫画家

中山敦支（鹿儿岛市），漫画家

西炯子（指宿市），漫画家

日高建男（屋久岛町），漫画家

中原俊（鹿儿岛市），电影导演

山下贤章（串良町），电影导演

山本萨夫（鹿儿岛市），电影导演

小泽启一（南九州市），电影导演

月野木隆（雾岛市），电影导演

古胜敦（奄美市），电影导演

加藤久仁生（鹿儿岛市），动画导演

演艺界

泽村一树（鹿儿岛市），演员

榎木孝明（伊佐市），演员

山田孝之（萨摩川内市），演员

上白石萌音（鹿儿岛市），演员

小西真奈美（萨摩川内市），演员

惠俊彰（鹿儿岛市），导演

中岛美嘉（日置市），歌手

中孝介（奄美市），歌手

我那霸美奈（奄美市），原创歌手

长渊刚（日置市），原创歌手

吉田拓郎（伊佐市），原创歌手

辛岛美登里（鹿儿岛市），原创歌手

东野纯直（鹿儿岛市），原创歌手

宇德敬子（出水市），原创歌手

体育界

福留孝介（大崎町），阪神虎队队员

鹤冈慎也（肝付町），福冈软银鹰队队员

户柱恭孝（肝付町），横滨水手足球俱乐部成员

榎下阳大（鹿儿岛市），札幌北海道人足球俱乐部成员

二木康太（雾岛市），千叶乐天大海队队员

福仓健太郎（姶良市），埼玉西武狮队队员

前田大和（鹿屋市），阪神虎队队员

榎田大树（大崎町），阪神虎队队员

金田和之（曾于市），欧力士猛牛队队员

横田慎太郎（日置市），阪神虎队队员

原泉（喜界町），东京养乐多燕子队队员

松山龙平（大崎町），广岛东洋鲤鱼队队员

稻本润一（涌水町），北海道札幌冈萨多队队员

远藤保仁（鹿儿岛市），大阪钢巴足球俱乐部成员

八反田康平（鹿儿岛市），名古屋鲸八队队员

鹿儿岛县特有的风味美食

唐芋饭

这是一种用萨摩芋煮出来的菜饭。鹿儿岛县萨摩芋的产量居全国第一。当地人将他们引以为豪的萨摩芋称为唐芋,据说唐芋是从唐朝时的中国经由冲绳传至鹿儿岛的薯类食物。

当地的气候非常适合萨摩芋生长,即使是山林、海边等地,它也长得很好。它含有丰富的维他命 C 和食物纤维,不仅是百姓们赖以生存的食物,还是一种健康味美的食品。

猪骨料理

鹿儿岛的黑猪肉被认为是日本最好吃的食物。将带骨头的黑猪肉放进大锅,放入黑砂糖、烧酒、豆酱等慢慢烹煮。经过长时间的煮制,猪肉的肉质变得松软,带有些微甜味,这独特的口感和风味正是猪骨料理的特征。食用时配上烧酒,味道极佳,被人们认为是最豪爽的民间料理。

炸鱼肉饼

这是一种用鱼肉揉制而成的食品。其做法是：往鱼肉糜中放入盐、砂糖等入味，然后做成一定的形状，用油炸制而成。

据说这是一种从琉球传至萨摩的炸鱼饼，是将鱼糜用油炸制的一种料理，呈椭圆形。

它既可以直接吃，也可以稍微烤一下，蘸着生姜、酱油或芥末吃，此外也可用作关东煮、面条、挂浆炒面等食物的配菜。

日本银带鲱

这是鹿儿岛的一道民间料理，是将银带鲱做成生鱼片，用酸甜调料酱蘸着吃的美食。

除做成生鱼片之外，还可以加盐烤、做成炖菜或蘸着芥末吃，都很好吃。听说炎热的夏天，将它和蔬菜、豆腐煮在一起，做成什锦炒锅，就着橙汁吃火锅的吃法在当地很有人气。

也可以将它加工成一夜鱼干、甜酒鱼干等干货。

中国游客不可错过的鹿儿岛县景点

龙门瀑布

鹿儿岛市东南部、面对着鹿儿岛湾的姶良市,有一条高46米、宽43米的瀑布,其位于流经九州南部的网挂川的中流。1990年,这条瀑布入选为"日本瀑布百选"。

据说这个名字来自于看到它的人对它的感慨——"像是看到了中国的龙门瀑布(桂林)"。走遍日本各地的、江户时代后期的行医之人橘南谿,曾在他的著作中对这条瀑布赞不绝口。

冠狱园

这是位于市来串木野市的一座中国式庭园。它是以中国苏州附近的庭园为样本建造而成,是一座自然式山水庭园。

冠狱园的所在地冠岳,流传着关于徐福的传说。因为徐福,人们希望能加深与中国的友好关系,于是1992年建造了这个冠狱园,园内立着徐福的塑像。

冠岳展望公园

这是市来串木野市冠岳的一处公园。这里的徐福石像是2000年旧串木野市市制施行50周年纪念日时建成的，高6米（底座高2米），被称为日本第一高的徐福石像，现在已是这座公园的标志性景点。中国秦皇岛市有秦始皇像，所以冠岳展望公园里的徐福石像好像是与秦始皇像相呼应。

从这里能一览无余整个市内的街道、雄大宽广的东海，以及西南方向的萨摩半岛的最西端，可谓与展望公园这个名字十分相符。

与中国省市结成友好城市的行政自治体

鹿儿岛县——江苏省

1985年鹿儿岛县和江苏省以农业技术交流为契机,双方通过接纳海外技术研修生、国际交流人员、访问团的相互派遣、青少年的相互派遣等活动,加深了交流。1998年8月,两县省举办了第一次交流会议,相互交换了意见。2017年1月,双方在江苏省南京市举办第19次交流会议,在行政、观光、青少年交流等领域进行了更广泛的交流。

鹿儿岛市——长沙市(湖南省)

1981年,鹿儿岛市的各界代表访问了中国的各个城市,加深了双方的友好关系。1982年,长沙市的先遣考察团也来访问了鹿儿岛市,双方的友好关系进一步深化。同年10月,在鹿儿岛市内双方举办了友好城市缔结仪式。

萨摩川内市——常熟市（江苏省）、上海市嘉定区马陆镇

川内市与常熟市结成友好城市关系起源于 1985 年至 1986 年，当时的川内市派遣经济调查团来中国访问。之后，双方在各领域展开交流，不仅有正式的访华团，还相互派遣体育交流团、市民访华团等。1991 年 7 月，得到中国政府的认可，双方建立友好城市关系。

2004 年 10 月，旧川内市合并成萨摩川内市，萨摩川内市继续与常熟市达成友好城市关系。2005 年 4 月，作为新市双方交换了再合作的协议。

萨摩川内市与上海市嘉定区马陆镇建立友好城市关系始于 1985 年，在经济、科学技术、文化、教育、体育、卫生等多领域进行了交流与合作。同年 8 月，双方在和平友好、平等互惠、长期安定的原则上缔结了友好城市关系。

2001 年，普戈浜镇与马陆镇合并。2002 年 8 月，入来町与马陆镇正式缔结友好交流协议。2004 年 10 月，入来町合并为萨摩川内市，萨摩川内市继续与马陆镇缔结缔友好交流协议。2005 年 4 月，作为新市再次缔结友好城市关系。

雾岛市——浏阳市（湖南省）、铜川市耀州区（陕西省）

雾岛市与浏阳市的交流，是以 2004 年浏阳市的副市长访问国分市（是鹿儿岛县萨摩地方语大隅地方中间的一市。2005 年国分市与沟边町、横川町、牧园町、雾岛町、隼人町、福

町合并，雾岛市成立。——编译注）为契机开始的。之后两市不断相互交流，多次进行交流活动。2007年10月，正式签订友好交流协议。2016年，雾岛市市议会副议长、市职员、国际交流员、国际交流协会会员等人访问了浏阳市，加深了双方关系。

与铜川市耀州区的交流，是以1993年隼人町派遣人员来耀州区种植樱花树为契机开始的。1994年，耀州区邀请隼人町来华，双方正式开始交流。1995年10月，双方交换了友好交流关系备忘录。2005年，隼人町被并入雾岛市，雾岛市继续与铜川市耀州区缔结友好交流协议。2007年8月，双方再次签订了友好城市关系协议。

南萨摩市——宿迁市（江苏省）

1997年，以友好访华团的派遣为开端，加世田市接受了宿迁市的友好访日团。之后双方都一直相互访问、加深交流。2002年10月，两市缔结友好城市关系。2005年，包含加世田市在内的一市四町合并成为南萨摩市，南萨摩市与宿迁市继续友好城市关系。2006年，双方再次签订友好城市协议。

南大隅町——上海市奉贤区庄行镇

双方的交流始于2003年在佐多町进行的民间交流活动，之后在产业、文化、教育等各领域展开广泛的交流。2005年，南大隅町与跟占町合并成为南大隅町。2008年1月，双方签订友好城市交流协议，南大隅町町长出席了在庄行镇举行的签约仪式。

和泊町——东莞市望牛墩镇（广东省）

1996年10月，和泊町第一次派遣访华团。同年12月，和泊町接待了中国访问团，双方在友好交流关系的建立上达成了一致。1997年3月，和泊町第二次派遣访华团。同年8月，双方正式签订友好城市关系。

八 冲绳县

"总会有办法的",冲绳人并非假装轻松,而是本性淡定。

简　介

在冲绳聚会时，如果有什么可喜可贺的事情的话，所有在场的人都会将双手举过头顶，挥舞着跳起舞来。流畅的舞姿，自然的身体舞动，好像这舞蹈（"咔抃嘻"，方言，冲绳奔到在庆贺宴席上伴有即兴的快节奏的三玄琴、热闹的吆喝声及歌谣的载歌载舞。）的节奏是他们与生俱来、刻在骨子里的一样。

"咔抃嘻"来源于冲绳（旧称琉球）语"咔抃嘻"（搅合）这个词，具有"如果不分年龄、性别、立场的话就没有关系"的意思。

任何人都希望和平、安稳。直至17世纪，一直处于太平盛世的琉球人比日本人更渴望和平、安稳。

江户时代（1603年—1867年），萨摩藩（今鹿儿岛县）进攻了琉球，并在太平洋战争之后夺走了这里的安稳与和平，琉球人变得不再那么善良和宽容。

据说近年有很多对冲绳抱有憧憬的人移居到了这里，但貌似有些人不适应这里独特的缓慢、松弛的生活节奏，从而返回了家乡。在全国少子化的进程中，冲绳孩子的数量并没有减少，无论走到哪里都能感受到这里的活力。也正因如此，冲绳县人更懂得和平的重要性。

冲绳县的与众不同：

①冲绳县人是全国最热爱家乡的人。

②干松鱼、干鲣鱼的消费量全国领先。

③冰淇淋、果子露的年消费量全国最低。

冲绳县的地理状况和气候条件

冲绳县位于日本的最西端,由以冲绳本岛为中心的众多岛屿组成,县政府设置在那霸市。

1429年,琉球王国独立,自17世纪初受到萨摩藩的进攻之后,虽然还是独立的存在,但已成了为萨摩藩的从属国、保护国。1872年,明治政府将这里改为琉球藩,七年后开始叫作冲绳县。

冲绳县由以处于东海和太平洋之间海域的先岛诸岛、大东诸岛等为代表的60多个岛屿组成,其中有49个岛屿有人居住,其余都是无人岛。

因为岛屿分散在各处,所以整个冲绳县的县域非常广阔,从最东端至最西端有1000公里左右,从最北端到最南端也大约有400公里。

冲绳县的中心是冲绳本岛。本岛的中部和南部以那霸市、冲绳市为中心的地区已城市化,人口密集。在相当于本岛面积五分之一的地方住了90%的县民,约110万人。

因为这里有很多治外法权的美军基地，所以实际可利用的面积很有限。因此，这里的人口密度在全国高居第九位。

位于冲绳本岛西南部的宫古岛、多良间岛、石垣岛、西表岛、与那国岛、波照间岛、冲大东岛等属于亚热带。

这里每年都有很多台风，被称为"台风银座"，尤其是八月，台风最多。

整个冲绳县高温多湿，年降水量2000毫米以上，年平均气温约22℃。但因为四周都是海，所以不易起热风。另外，这里也没有可引起热岛现象的因素，所以几乎没有最高气温超过35℃的酷暑天气。

这里因纬度较低，所以冬天很温暖，但也会有零星的降雪。1977年2月在久米岛、2016年1月在久米岛和本岛北部的名护市，都出现过雨雪交加的天气。气象厅公开发布的冲绳县降雪纪录只有这两例。在久米岛的那次降雪，是日本最南端的降雪纪录。

冲绳县相关数据：

面积：2,281.14平方千米

总人口：1,439,913人（截至2016年10月1日）

人口密度：631人/平方千米

相邻都道府县：没有

冲绳县人的性格特点

乐观向上,重人情

冲绳曾经叫作琉球,如果没有萨摩藩的进攻,可能现在还是另外的归属。现在日本政府将其作为经济特区建造自由贸易港,如果这些想法提早实施的话,在经济上冲绳可能会是个很富裕的地方。

大多数冲绳人的长相与大和民族不同。他们很胖,有着浓浓的眉毛、浅黑色的皮肤等。

提到国民性的不同,冲绳有句话叫作"总会有办法的",意思是只要选择对了,不断努力的话总有一天会实现。这种乐观主义精神是冲绳人最大的性格特点。

冲绳人认为"自己思考问题的方法与其他县的人不同,有自己的特点"的人数比例,在全国最多(NHK国民意识调查);热爱本地语言,重人情的意识最强,属全国之最。

性格散漫又腼腆

尽管这里会受到台风的侵害，但总的说来全年的气候还是挺温暖的。

冲绳县人不拘泥于小事，不会粉饰自己或太张扬，这一点与南方岛上的人很相似。他们在很多场合表现得过于散漫，有一个代表冲绳县人散漫性格的词是"冲绳时间"。如果全国各地的人聚集在一起行动的话，一定是冲绳人动身最晚。

当然，其他县的人也会迟到，但最多也就是五分十分的，而冲绳人则不同，往往到了集合时间才开始准备，时间概念一直比较弱。就算是责备他们迟到或告诫他们改掉这个习惯，也是没用的。

他们散漫至极，而且还腼腆、保守。据 NHK 国民意识调查，冲绳人"与人第一次见面感到闷闷不乐"的人的比例居全国第二（第一名的是青森县）。

虽然面朝大海而居的人，多性格开放，富有社交性，但冲绳人多少有些不同。他们都非常热爱家乡，是因为他们必须相互合作共同防御外敌的缘故吧。另外，他们认为"工作是件很辛苦的事"的人口比例在全国最高（NHK 国民意识调查）。

冲绳的失业率要比本土高，相关行政部门指出，这种事态有些严重，但期原因与经济区不景气没有关系，在这里无论何时都会有很多失业的人。

在冲绳生活真的没有压力吗？

在冲绳县，死于心脏疾病、脑血管疾病、癌症的人数（每10万人），居全国最少。

当地男性的平均寿命阶段性一直下降，但女性的平均寿命依然不变，居全国最高，给人留下很深的印象。其中最大的原因，是当地人的生活习惯与本土很不一样，日常生活中压力较小。

的确，我们所看到的冲绳，确实是一个让人感受不到压力的地方。而且，在冲绳人的心里，他们十分坚定地认为，自己所生活着的这片土地是受先祖保佑的。与其说这是他们对特定宗教的一种信仰，不如说是他们感受到自己与浩瀚的大自然、大宇宙连在一起，让自己的内心从容不迫。

这里也有人像本土人一样，认为不管怎样，只要不工作就不能生存。在本土，有些人有一种很强烈的价值观，认为不工作是件坏事，但冲绳人并不这样认为。

女性很容易在这里找到工作

离婚率高是冲绳人的特点之一。自1985年以来，当地的离婚率一直都居全国首位。

离婚率高会给社会带来负面影响。当然，比起以前，离婚这种倾向日益降低，但应该还有很多人顾虑面子而忍受着婚姻生活。

在冲绳，几乎没有人会在意这样的事情。他们一般都认为，如果结婚正常的话,那么离婚也很正常,离一次婚又能怎样?既然离婚是正确的选择,那么"总会有办法的"。

他们既不劳动又找不到工作时,姑且独自一个人生话还可以,但养活家庭和孩子的话就够呛。

不知是因为美军的统治,还是因为冲绳人本身就是这样的性格——不是很在意男女之间的性格差异。因此这里的女性即使离婚,也能和男性一样找到工作。如果是这样的环境的话,就能理解为什么感受不到她们离婚时的踌躇。

冲绳县的重要数据和知名人士

冲绳县在日本名列第一的几个领域

领域	数值
酒馆店铺数（2014年）（每10万人）	554.61家
培根消费量（2013年）（每户）	2,152克
小型汽车台数（2014年）（每100人）	30.00台
未满15岁人口数（2015年）（每100人）	17.24人
职业棒球选手数（2016年）（每10万人）	1.90人

冲绳县出身的名人

政界

国场幸之助（那霸市）

西铭恒三郎（南城市）

比嘉奈津美（冲绳市）

系数庆子（读谷村）

翁长雄志（那霸市）

今井绘理子（那霸市）

商界

具志坚宗精（那霸市），奥利安啤酒创始人

嘉数升（那霸市），琉球生命保险创始人

尚顺（那霸市），桃园农园创始人

文化界

池上永一（那霸市），作家

大岛孝雄（石垣市），作家

大城立裕（中城村），作家

又吉荣喜（浦添市），作家

目取真俊（今归仁村），作家

石川文洋（那霸市），摄影家

荒卷圭子（那霸市），漫画家

岛袋光年（那霸市），漫画家

新里坚进（那霸市），漫画家

八木教广（那霸市），漫画家

山原义人（那霸市），漫画家

高岭刚（石垣市），电影导演

仲村飒悟（冲绳市），电影导演

演艺界

早坂好惠（那霸市），歌星

川平慈英（那霸市），影星

新垣结衣（那霸市），演员

国仲凉子（那霸市），演员

仲间由纪惠（浦添市），演员

比嘉爱未（具志川市），演员

川田广树（那霸市），电影明星

真荣田贤（那霸市），斯利姆俱乐部成员

内间政成（那霸市），斯利姆俱乐部成员

肥后克广（那霸市），鸵鸟俱乐部成员

小岛义雄（久米岛町），喜剧艺人

照屋林贤（冲绳市），林贤乐队成员

安室奈美惠（那霸市），歌手

夏川里美（石垣市），歌手

普天间香（中城村）歌手

岛袋宽子（宜野湾市），歌手

石岭聪子（那霸市），原创歌手

比嘉荣升（石垣市），日本岛歌组合成员

岛袋优（石垣市），日本岛歌组合成员

上地等（石垣市），日本岛歌组合成员

体育界

伊志岭翔大（宫古岛市），千叶乐天大海队队员

伊志岭忠（北谷町），东北乐天金鹰队队员

大岑祐太（石垣市），千叶乐天大海队队员

大岑翔太（石垣市），千叶乐天大海队队员

嘉弥真新也（石垣市），福冈软银鹰队队员

岛袋洋奖（宜野湾市），福冈软银鹰队队员

比嘉干贵（冲绳市），欧力士猛牛队队员

比屋根涉（八重濑町），东京养乐多燕子队队员

又吉克树（浦添市），中日龙队队员

岑井博希（南城市），横滨水手足球俱乐部队员

山川穗高（那霸市），埼玉西武狮棒球队队员

宫里圣志（东村），职业高尔夫运动员

宫里优作（东村），职业高尔夫运动员

宫里蓝（东村），职业高尔夫运动员

上原彩子（那霸市），职业高尔夫运动员

比嘉真美子（本部町），职业高尔夫运动员

宫里美香（那霸市），职业高尔夫运动员

冲绳县特有的风味美食

豚骨拉面

"素奇"指的是猪排骨,将猪排骨煮成排骨汤,在里面放上配菜即可,所以叫作豚骨拉面。

虽然叫作荞面,但不是使用荞面粉做成的荞麦面。它的原料是小麦粉,面的做法与中式面基本相同。汤就是用猪肉煮出来的汤,用酱油调味。豚骨拉面的特色,在于面的劲道、汤的独特风味与浓郁。

苦瓜豆腐

蔬菜豆腐在冲绳语当中是"杂烩"的意思,在这道菜中指的是使用岛豆腐做成的蔬菜豆腐。以前会放上苦瓜,做成以苦瓜为主菜、和岛豆腐一起炒的菜。苦瓜是一种缓解苦暑的健康蔬菜,不仅营养丰富,而且对减肥很有效果。

豚骨拉面

嘻哩嘻哩

这是一道将胡萝卜切成细丝和鸡蛋炒在一起,并用调味料调味的美食,是当地家庭料理的一种。"嘻哩嘻哩"是冲绳方言,意思是切成细丝。这道美食的材料主要是胡萝卜和鸡蛋,但有时也用金枪鱼罐头或将洋葱切成细丝来做。

羊肉汤

在冲绳,最宝贵的蛋白质来源,就是可食用的家畜——羊。

羊肉汤的做法很简单,就是将带着骨头的羊肉用水和这里独特的蒸馏酒、泡盛煮软,煮的过程中只需将浮沫和脂肪油撇出。做法很简单，但比较花时间。做好的羊肉汤因为有种独特的味道，所以也有不少当地人喝不习惯。

猪肉鸡蛋卷

太平洋战争结束后，驻扎的美军带来了一种食物"斯帕姆"（SPAM）午餐肉，是一种罐头午餐肉，在冲绳被叫作"猪肉"。

将猪肉切成一厘米左右厚度的薄片，煎烤两面，和鸡蛋烧放在一起吃，就是猪肉鸡蛋卷这样一种简单料理。在冲绳的大众餐厅，一般的套餐就是在一个餐盘里放一些猪肉鸡蛋卷、生蔬菜、米饭和味噌汤。

也有人说，这是明治时代以后由移居夏威夷的冲绳人的子孙后代们带回并推广开来的一种食物。

在冲绳县的便当店或便利店，都有一种"猪肉鸡蛋饭团"的招牌商品。其吃法是将煎的薄薄的鸡蛋烧和猪肉用米饭夹起来，像三明治那样，外面再用海苔卷好一起吃。

内脏汤

这是一种用猪内脏制作的汤。因为从准备阶段就开始反复烫，用盐搓洗，直到内脏的臭味完全被清除。

将处理好的猪内脏与香菇、魔芋等一起放入鲣鱼调料汁中，调好味道后，就做成了口味清淡的高汤。猪内脏很有嚼头，且口感很好，人们也可根据个人喜好放入生姜泥或葱末。

墨西哥饭

"墨西哥饼"是将肉末、洋葱、奶酪、生菜、西红柿等食材，用玉米做的墨西哥玉米饼包起来吃的一种料理。将这些食材配在米饭上，就成了"墨西哥饭"。这是驻留的美军士兵所带来的一种吃法。

墨西哥饭最初是1984年由在美军基地前大片的饮食店街经营小吃部的仪保松三想到的，很快就得以推广。90年代时学校里有，现在在一般普通家庭也都能吃到。成人可以使用有些辣味的沙司调味，孩子食用时，可将调味料改做成酱油味或豆酱味的。

泡一泡一

其做法是：先将面粉溶于水，用平底锅做成薄饼，再薄薄涂上一层油味噌或沙司，卷成卷即是泡一泡一。有人说这种做法源自中国的馎饦。

与"泡一泡一"相似的食物有"平烧"和"红糖饼"。"平烧"就是将面粉溶于调料汁中，放入韭菜或金枪鱼等煎成薄饼。"红糖饼"就是将面粉与红糖溶在在一起后烧制。很甜，但它实际上它也是在琉球王朝时规格较高的一种料理。

油炸糖饼

这是一种圆形的炸面圈。其做法是：用面粉、鸡蛋、砂糖砂糖（常用红糖）、发酵粉等做成面团，用油炸即可。这是一种做法简单的点心。

在冲绳语中，"沙一塔一"就是砂糖、"安哒一"就是油，"阿己"就是油炸的意思，也就是"放入砂糖的油炸点心"。

据说在琉球王朝时代，这是招待中国使者的料理中当作饭后甜点的食物。

中国游客不可错过的冲绳县景点

福州园

1992年那霸市实行市制70周年，作为与福建省福州市结成友好城市10周年纪念开园的一座中国式庭园。据说该园所在地久米是14世纪末从中国大陆来的移民们所住的村落。

这座庭园由福州市的工匠从设计到施工一手打造，建造所用的材料也是从福州运来的。园内再现了三山（千山、鸟山、屏山）、二塔（白塔、鸟塔）、一流（闽江）等福州景点。

至圣庙

至圣庙位于那霸市久米，是日本最南端的孔子庙，庙里供奉着与孔子一起被称为"四配（四圣人）"的彦子、子思（孔伋）、曾子和孟子的塑像。

1392年，受明朝洪武帝之命，被派遣至琉球王国的福建省职能部门就定居在那里。他们被称为"久米三十六姓"，在琉球也依然举行儒教的庆典活动。

1676 年，那霸市泉崎建造了孔子庙，但在太平洋战争的冲绳之战中被烧毁。1975 年重建，2013 年被移至就久米邮局旧址。之前的地方还留有蒋介石赠送的孔子像。

识名园

识名园位于那霸市识名，原来是琉球王国时的别墅，建于离首里城稍远一点的地方。园内有用于王家休养或招待中国来的册封使而建造的公馆。

这是一座折中了中国和冲绳样式的建筑物，并设有展望台。这里在太平洋战争中遭到破坏，后又被依原样重建，2000 年被登记为世界遗产。

系满海人工房、资料馆

这是 2012 年在系满市改装后开张的一处设施，"海人"在冲绳语中指的是渔夫。

琉球王朝时人人重视农业，但系满则看重渔业。他们和中国人进行交易，在海上捕获大量的鲨鱼、墨鱼、海参等。

资料馆里展示着用于日常生活的、手工制作的道具和日用品等。

这里最有人气的是"划冲绳船"体验活动。"沙巴民"原来叫作"沙班尼"，在冲绳语中"沙巴"指的是鲨鱼，而捕获鲨鱼的船就叫"恩尼"。

另外，这里还有讲习会，具有保存海人历史和文化的功能。

奥武岛观音堂

位于南城市玉成地区奥武岛中央部的观音堂，是太平洋战争后重建的一幢建筑，里面安置着陶制的观音像。

据说这是两三百年前的事，中国的船遇险漂至奥武岛，船上的人受到岛上人的救助和照顾。为了报答，中国人赠给这里一座黄金观音像。

这座像就安置在奥武观音堂中，受到岛民世世代代的信奉。太平洋战争中，观音堂被毁，观音像丢失，之后又重建了一座观音堂，直至现在。

与中国省市结成友好城市的行政自治体

冲绳县——福建省

　　自琉球王国时代,这里就与中国有往来交流。据说,交流始于1372年琉球国王察度派遣其弟弟泰期去明朝之时。他们走的路线被称为"进贡使路",是从琉球出发,横渡东海,来到福州或泉州,再去往北京,徒步或乘船共走了3000公里的路程。1992年,冲绳县和福建省共同举办了重返当时人所走的进贡使路,即"中国大陆3000公里踏查行"活动。以此为契机,两县省之间缔结友好城市的话题提上了日程。

　　1994年,双方举办高级会谈,在农业、水产业、建造业、商业贸易、学术文化、卫生环境等多领域进行了多次交流。1997年9月,双方缔结友好城市关系。

那霸市——福州市(福建省)

　　1973年,中国大使馆参事官拜访那霸市市长时,那霸市市长表达了想与福州市结成友好城市的意向。1974年，那霸市市长作为友好访问团的一员访问了中国，向日中友好协会申请与福州市缔结友好城市关系。之后那霸市请中国大使馆促进友好城市的缔结。1980年4月，正式向福州市长、福建省长、中日友好协会会长、驻日中国大使提交缔结友好城市关系的照会。同年7月，那霸市市长与县各界代表访问福州市。同年10月，福州市派友好访问团访问那霸市，加深双方亲善关系。1981年那霸市获得了中国国务院的批准。同年5月，双方正式签订合约。

宜野湾市——厦门市（福建省）

这两市之间的交流，源于1986年宜野湾市的职业棒球队自费访问厦门市，并与厦门市的球队进行了友好亲善比赛。之后，两市间开始了交流，加深了了解。1995年11月，双方签订友好合作议定书。

浦添市——泉州市（福建省）

据说在14世纪时，琉球王朝在浦添建造了城池。两市在维持中日两国人民世代友好事业及为世界的恒久和平做贡献等方面，达成了一致。1988年9月，双方的交流跨出了一大步，正式结成友好城市。

九 香川县

日本面积最小的一个县,几乎不为人所知。

简　介

江户时代有个词叫作"赞岐（香川县的旧国名）三白"。"三白"指的是这里的特产——食盐、砂糖、棉花。

香川县位于四国的东北部，面对濑户内海。这里气候温暖，晴天较多，且雨水很少，所以制盐业、甘蔗及棉花的种植业较发达。

著名的使用豆沙馅年糕做成的烩年糕，是这里的特色美食。

香川县的乌冬面消费量居全国第一。所以，可以理解当地为什么自称是乌冬面县。也有很多其他县的人，专门为品尝这里的乌冬面而来，所以香川县虽然是日本最小的县，但知名度却不低。

这里的经济并不是很发达，所以当地人多节俭、勤奋，热衷教育，棱角分明，性格稳重。

这里有很多观光地，如金刀比罗宫、屋岛、栗林公园、鬼岛大洞窟、濑户大桥塔、直岛诸岛等。日本最早因种植橄榄树而知名的小豆岛就位于香川县。

香川县街景

香川县的与众不同：

①这里的道路铺装率 99.9%，居全国首位。

②县内的水池数达一万四千多处，密度位居全国第一。

香川县的地理状况和气候条件

香川县的县政府设在高松市,这里历史上遭受自然灾害较少。

香川县在全国 47 个都道府县中面积最小。曾经大阪府面积最小,但由于国土地理院的算定基准发生变更,大阪府建设关西国际机场,大规模填海造地,使得面积增加,所以香川县成了全国面积最小的县。

香川县比日本面积最大的市町村歧阜县高山市的面积还小,但这里几乎一半的面积都是赞歧平原,可居住面积比率居全国第十。

香川县的北面临着宽广的濑户内海,共有包括以小豆岛为主的盐饱诸岛、直岛诸岛等大约 110 个小岛。香川县与本州的冈山县隔海相望,濑户大桥跨接了濑户内海的多个岛屿,使得岛与岛之间以公路和铁路相连。

位于香川县南部的赞歧山脉(也叫阿赞山脉)绵延起伏,是香川县与德岛县的县境,其最高峰龙王山海拔 1059.9 米。

这里还有一个特点,即河流较少,且每条河都较短,长度为 33—38 公里，所以这里长时间受制于供水不足。因此，为解决这个问题，这里修建了很多水池。

其中最有名的是大宝年间（701 年—704 年）由国守、道守朝臣修建，821 年因空海修理而有名的满浓池。除此之外，全县共有一万四千处蓄水池。

香川县整个地区呈濑户内海式气候，晴天多，降雨少，但是一旦下大雨，便会河水泛滥，有时会遭受洪涝之灾。当地人利用这里日照时间长的特点生产食盐，因此这里曾被称为"盐田王国"。

高松市、东香川市、赞歧市、小豆岛等地被称为东赞，丸龟市、坂出市、善通市、观音市、三丰市等地被称为西赞。由于香川县本身地域狭小，所以各地之间不会有很大的气候差异。

夏季时，濑户内海无风无浪，香川县受濑户内海及越过四国山脉的焚风的影响，多会出现猛暑日及热带夜。冬季时较温暖，每年冬季会有一两次降雪。偶尔出现积雪，但几乎没有大雪。

香川县相关数据：

面积：1,876.73 平方千米

总人口：972,649 人（截至 2016 年 10 月 1 日）

人口密度：518 人 / 平方千米

相邻都道府县：德岛县、爱媛县

香川县人的性格特点

香川县几乎不为人所知

一般人知道高松而不知道香川县,知道松山而不知道爱媛县。

在四国,有两个县的县名和县政府所在地的城市名不同,这两个县的县名好像都没有什么知名度。在日本整个国家中,县(道)名与县(道)政府所在地的城市名不同的有:北海道、岩手、宫城、茨城、栃木、群马、神奈川、山梨、爱知、三重、石川、滋贺、兵库、岛根、冲绳,另外还有上述的香川县和爱媛县。

县名与县政府所在地的城市名不同的地方,主要是在戊辰战争(1868年)时与新政府军(萨长土肥,即今鹿儿岛、山口、高知、佐贺四个县)对抗的藩。据说在废藩置县时,就是这么设置的。香川县也有几个小藩,但这几个藩都反抗官军,所以就自食其力了。另一方面,如果社会体制发生变化,香川人有很强的顺应性、协调性，会很快认识到这种趋势，并顺应之。

"香川"这个名字至今都几乎很少出现在媒体上。有意思的是，香川县旧国名"赞歧"最近变得广为人知了，这全得益于当地的乌冬面。

那么香川县的政府驻地高松市怎么样呢？不容否认，这里给人们这么一种感觉，即如果是中老年棒球迷的话，可能对高松市会有一点印象。因为高松市的棒球队很强，常出现在甲子园比赛中（不过近年明显变弱）。

然而香川县也就高松市有点名气，观音寺市、丸龟市等城市几乎不为人所知。

不喜争辩，不做引人注目之事

在香川县，能够看到濑户内海全貌。这里距离本州也很近，与本州之间唯一的交通手段就是宇高联络船。现在宇高联络船虽已被停止运营，但它曾将冈山县的宇野町（今玉野市）和高松市连在一起。

香川县是四国的四个县中信息最多、和本州人接触最多的地方。香川县人非常开明，与人为善，外向开朗，对新事物很感兴趣。

人们深感，不同县的人，其性格特点与大海有着密不可分的关系。但因为香川县的面积在全国最小，所以大海对其县民性格的影响没有很大的差别，整个县的人性格特点很一致。

这里的年降水量较少，在全国位居第42位（2014年数据统计）。

四国自古以来就有这么一句话"赞歧男阿波女"。其中的"赞歧男"说的是赞歧的男人，并不是说他们是能干的人，能干的人其实是"阿波女"了。

这里的人忍耐性不强，不擅长专心深究一件事；不喜争辩，因此在竞争激烈的政界、娱乐圈中，几乎没有香川县人的影子。

在政界，除了从1978年至1980年担任内阁总理大臣的大平正芳之外，几乎没有很引人注目的人，而且也只有很少的人知道大平是香川县人。明治以后，陆海军共有大约200名大将，但其中没有一人是香川县人。甚至日本还有这么一句话——"赞歧无大将"。

习惯妥协，擅长攒钱

香川县人不喜欢太过突出、太引人注目，这是因为在很狭小的地方人口密集，无论什么事都有很多人妥协。

像空海（弘法大师）、平贺源内、菊池宽（作家、文艺春秋创始人）、大松博文（1964年东京奥林匹克女子排球教练）、上天诚认（山梨学院大学接力队教练）等这些能够名垂青史的人，都是香川县人，但他们都是在早期时就离开了家乡，不然待在香川县也很难发展起来。

在较注重个性和发展的娱乐界，几乎没有什么名字能一下子被人想起。例如笠置实仓三郎（演员）、要润（演员）、南原清隆（喜剧艺人）等，也都只是配角。

香川县人总有那么一点与爱知县人相似。

香川县的人均存款数，位居全国第一位（2015年数据统计），他们都很擅长攒钱。在同一调查中，爱知县位居全国第八。

缺乏长远计划，缺少节水意识

尽管在香川县跟前有蓄着满满一汪水的濑户内海，但一听到香川县，很多人首先想到的是当地夏天缺水的事。这多少有些讽刺。

冈山县与香川县隔着濑户内海相望，而冈山县却以"晴天王国"的名誉被大肆宣传，香川县人或许对此略为羡慕。

这两个县的天气状况几乎同步。就年降水量来说，香川县年降水量为1229毫米（2014年数据统计），冈山县为1143毫米（2014年数据统计），实际上香川县的年降水量要略多于冈山县。尽管如此，由于两个地区的山、川等地形与自然环境不同，香川县蓄水率较低，每年都会苦于供水不足。

但不可思议的是，每每听到他们供水不足的新闻时，发现当地都是等到水库的水都要见底时才会限制用水。如果这样的话，我想他们从一开始就该认真考虑节水的问题。当地人好像并不擅长考虑长远的事情或按照计划做事，也不喜欢自己在做事情时让别人插嘴。

喜欢新鲜事物

也许是因为香川县面积小，所以县内的道路铺装率能达到

99.9%，在全国位居第三。（第一位的是佐贺县和宫崎县，均为100%。2014年数据统计）

这里朝气蓬勃的人们可以肆无忌惮地开车，致使交通事故的发生次数仅次于佐贺县，位居全国第二（2013年数据统计），交通事故死亡人数最多。或许是因为这里晴朗天气较多，开车人往往容易超速。

香川县距离京都、奈良、大阪等一线城市较近，因此会有很多往来于濑户内海的船只或人流、信息，由此这里的人也十分热衷于关注新事物，例如手机的普及率。

现在在日本，无论是在哪里基本都可以使用手机，但有数据显示，除了神奈川县、福冈县等县内有大城市的地区之外，香川县的手机普及率排名第四，这也可以说明香川县人关心新技术，愿意接受更多新鲜事物。

另外，香川县的职业联盟与其他县不同，当地人成立了一个崭新形式的棒球联盟"四国岛联盟"，并开始运营（2004年在高松市设置运营事务局，2005年开始联盟赛）。四国岛联盟因松坂大辅（西武→美国大联盟→软银）的弟弟恭平加入爱媛县，而引起人们的热议，另外，九州棒球队的加入，也使四国岛联盟更加成为人们的话题（这一时期改名为"四国、九州岛联盟"）。后来，九州的棒球队因为非正式加盟，所以现在改名为"四国岛联盟Plus队"。

的确，香川县自古就是"**棒球大国**"。这里有水原茂、三原脩、中西太等，在日本职业棒球史上留有较大业绩的选手、教练也是人才辈出。

香川县人非常时尚。其中抱有"即使穿过时的衣服也不介意"这样想法的人的比例在47个都道府县中排名第45位，可见他们对流行的感觉还是挺敏锐的。香川县人在西装的开销上全国最高。

这里的县民收入，在全国位居第37位（2012年数据统计），虽然收入不是很多，但他们的储蓄额全国最高，这样会让人以为香川县人相当克己、简朴，但实际并非如此。比较在潮流服饰购物网站ZOZOTOWN上，平均每人的年购买额度，占据第一位的是东京都，第二位是千叶县，第三位是高知县，第四位是德岛县，第五位就是香川县。

也许是因为这里位于濑户内海及四国山脉之间，物产丰富，且很少遭遇台风、寒潮等自然灾害，才使得人们有如此的闲情逸致吧。

香川县的重要数据和知名人士

香川县在日本名列第一的几个领域

领域	数值
乌冬面店铺数（2013年）（每10万人）	63.96家
乌冬面、荞麦面外食费用（2013年）（每户）	13,744日元
面类消费量（2014年）（每户）	22,256日元

香川县出身的名人

政界

平井卓也（高松市）

古本伸一郎（高松市）

小川纯也（高松市）

蘭浦健太郎（高松市）

玉木雄一郎（赞歧市）

山下芳生（善通寺市）

矶崎仁彦（丸龟市）

大野敬太郎（丸龟市）

胜沼荣明（高松市）

濑户隆一（坂出市）

吉川元（丸龟市）

商界

石井绢次郎（三丰市），大正制药创始人

马渊健一（高松市），马部其电机创始人

大社义规（赞歧市），日本火腿创始人

文化界

宫武东洋（善通寺市），摄影家

菊池宽（高松市），作家

壶井荣（小豆岛町），作家

高城修三（高松市），作家

西村寿行（高松市），作家

中川与一（坂出市），作家

本广克行（丸龟市），电影导演

木内千鹤子（高松市），漫画家

香川县

喜国雅彦（高松市），漫画家

高冈淳一（高松市），卡通作家

平尾隆之（赞歧市），动画导演

川井郁子（高松市）小提琴家

演艺界

高畑淳子（善通寺市），演员

要润（三丰市），演员

石仓三郎（小豆岛町），演员

西山浩司（高松市），演员

水野美纪（高松市），演员

松本明子（高松市），歌星

南原清隆（高松市），喜剧艺人

体育界

秋山拓巳（丸龟市），阪神虎队队员

松永昂大（赞歧市），千叶乐天大海队队员

堃江敦哉（高松市），广岛东洋鲤鱼队队员

南川忠亮（高松市），埼玉西武狮棒球队队员

琴勇辉一巖（丸龟市），大相扑运动员

天风浩一（琴平町），大相扑运动员

香川县特有的风味美食

赞岐乌冬面

香川县气候温暖,盛产品质优良的小麦。潮水涨落之差较大、海岸平浅,很适合制盐。在濑户内海,可以捕获大量的用于制作汤汁原料的干海参。小豆岛盛产酱油。

这里还具备了成就"乌冬面名产地"的各项条件。据说自江户时代之前的元禄时期(1688年—1704年)起,乌冬面在当地就很受欢迎,大约从1960年开始风靡全国。2011年香川县观光协会启动了"乌冬面县"的观光宣传活动,推出乌冬面文化,成为人们的一大话题。

进入21世纪,提出以"赞岐乌冬面"为主餐菜单,并快速发展起来的连锁店"丸龟制面",其实与香川县和丸龟市没有任何关系。只是运营丸龟制面的创业社长的父亲,是香川县坂出市人,创业社长自年幼时起就熟悉乌冬面。

干海参饭

在濑户内海,可以捕获日本鳀,将日本鳀做成干海参。干海参饭就是使用干海参煮成的饭。濑户沿岸的人自不必说,香川县的很多人都很喜欢这道美食。

这道美食的配菜及准备都十分简单。其做法是:去除干海参的头和内脏、骨头,将其用水煮成汤汁,将胡萝卜、白萝卜等蔬菜去皮,切成长方形,将芋头切成半月形,把牛蒡削成薄片,将油炸豆腐或蒟蒻切成长方形备好。之后蒸好米饭,将配菜放入,仅加入酱油和盐即可。

干海参饭含有丰富的钙和蔬菜,是一道美味的健康料理。

酱油豆

香川县雨水少,土地干燥,盛产蚕豆。将蚕豆做成酱油豆,可当米饭的配菜或下酒菜。制作酱油豆的做法是:先用浅砂锅(素烧的瓦锅)炒蚕豆,然后再将炒好的蚕豆腌入拌有砂糖、辣椒、又咸又甜的酱油调料汁中即可。据说它是农村或部落在举办活动时不可缺少的一道菜。

中国游客不可错过香川县景点

善通寺

这是一座位于善通寺市的寺院,是真言宗善通寺派的总寺院。

平安时代初期,远渡唐朝完成修业的真言宗开山鼻祖空海就出生在现在的善通寺市。据说善通寺是空海以其老师中国唐代密宗著名高僧惠果居住的长安青龙寺为样板建造的。

满浓池

这是满浓町的一处用于灌溉的水池。它圆周为20公里,蓄水量达1540万吨,是日本最大的蓄水池。8世纪初,由赞歧的国守、道守朝臣建造,818年因为洪水而决口。

空海在中国不仅学习佛法,也学习土木技术、药学等,尽管他尽全力指挥满浓池的复旧工程,但之后这里又多次决口、复旧,还曾在地震中受损。人们利用近代的建筑技术将其加高、修补，才变得坚若磐石。

少林寺

  位于多度津町的金刚禅总寺少林寺，是"少林寺拳法"的基地。少林寺拳法由宗道臣于1947年以"培养对社会有用的人"为目标创建。少林寺内的建筑多是中式建筑。另外，还立着仁王像和宗道臣像。

与中国省市结成友好城市的行政自治体

香川县——陕西省

香川县与陕西省的交往可追溯至平安时代（794年—1185年）。如前所述，自香川县出身的空海在陕西西安（当时的长安）青龙寺惠果的门下修行以来，两地之间在历史、文化方面便有着较深的关系。

1993年11月，因参加青龙寺遗迹庭园竣工仪式，香川县知事访问了中国，他在访问之际与陕西省省长就友好城市一事进行交谈，双方即席达成一致。1994年4月，为增进中日两国以及两省县民之间的理解与友情，双方签订了有关缔结友好城市关系的协议。

高松市——南昌市（江西省）

1990年，高松市在庆祝市制施行一百周年纪念之时，想要进一步推进与中国城市的友好城市关系。他们向中日友好协会提出了选定候补城市的委托，中日友好协会向它介绍了除南昌市外三座城市。

受到中日友好协会的推荐，高松市市长访问了这三座城市，并与各市长进行了会谈。1990年，南昌市市长访问高松市。同年5月，高松市考察团访问中国。在此三个月后的8月，高松市友好城市委员会向市长汇报了关于和南昌市缔结友好城市的意见，并通过市议会。同年9月在南昌市，11月在高松市，双方签订了友好城市议定书。

丸龟市——张家港市（江苏省）

这两市结成友好城市，源于1995年张家港市副市长对丸龟市进行访问。，双方的期望一致，于是便开始了交流。四年后的1999年5月，双方正式结成友好城市。

三丰市——三原县（陕西省）

2002年，陕西省决定实施与三原县的友好交流事业。同年5月，旧三野町町长、议长访问三原县。之后，两町县之间多次进行民间的互访及学生交流。2005年7月，双方在关于缔结友好城市的协议上签字。2006年，旧三野町与周边的六个町合并成立三丰市，友好协定继续有效。2009年，三丰市与三原县继续结成友好城市。

绫川町——新乐市（河北省）

1993年新乐市的访日团访问了绫川町，并视察了农业、工商业、教育、文化等领域。1994年绫川町派遣包含工商业、教育工作者在内的访华团赴新乐市进行现场考察。第二年，以新乐市市长为代表的代表团访问绫川町，双方的交流活动不断。同年5月，双方签订友好城市协约，正式开始友好城市之间的交流。

多度津町——上海市普陀区

1991年，上海市对外文化交流协会杜副会长一行访问了多度津町。同年11月，上海市普陀区访问团访问了多度津町。1992年5月，多度津町的代表团访问普陀区。之后，双方不断进行民间的交流活动、中学生的相互交流活动等。1996年，作为双方交流五周年纪念，互赠了太湖石和樱花树。1997年，上海市宜川中学与多度津中学签订关于友好交流的协议，通过一系列的活动，两地加深了相互的理解与亲善。2001年11月，签订友好城市协议。

十 德岛县

德岛县人爱学习、爱劳动,像阿波舞一样热情洋溢。

简　介

　　江户时代，德岛县和与它只有淡路岛之隔的上方（京都、大阪），通过买卖阿波特产蓼蓝、木材，加深了交流。因德岛县人与大阪商人进行贸易往来，所以他们在商业买卖上的见识在四国无人能比，当地语言也接近大阪方言。

　　德岛的县政府所在地德岛市，是世界上最早成功将蓝色LED(发光二极管)产品化的城市。采用LED灯光的艺术作品，展示在流经德岛市中心部的河岸两侧、倒映在水面上。这里不愧是"水之都"——无论是谁看到这由灯光营造出的美景，都会感受到心情放松。

　　蓼蓝、木材的行情不稳定，有时挣钱有时赔钱。此外，贯穿德岛县东西走向的吉野川，也叫"暴川"，当地人因为亲身感受过自然的恐怖，所以他们在防备措施上没有一点疏忽。这方面好像受到了江户时代的藩主蜂须贺氏的影响。

德岛县的与众不同：

①女性在管理者中所占的比率，居全国首位。

②野香菇、酸橘、硬木佛龛的产量，居全国第一。

③吉野川被国交省认定为日本最清澈的河流。

德岛县的地理状况和气候条件

德岛县位于四国的东部，旧国名为阿波。因北部过去盛产粟，所以也叫作"粟国"。县南部被称为"长国"，后来南北合在一起称为"阿波"。

这里自然环境优美，水域有吉野川、那贺川、四国山脉、纪伊水道等。在鸣门海峡，还可以看到"鸣门涡潮"的景色。西部的三好市有祖谷溪、大步危、小步危之类峡谷。这些都是德岛有名的观光地，广为人知。

德岛县除了北部的德岛平原之外，山地也较多，尤其是南方的四国山脉。即使是在西日本，也是为数不多的危险的山岳地带。在很长一段时间内，这里阻碍着四国内部人与人的交流以及物品的流通。

德岛县与高知县的边境处，山多峰险，其中的四足峰隧道内有着两县县境的标识。在德岛县与北边相邻的香川县之间，耸立着赞歧山脉。德岛县与西边爱媛县的交界处，也是群山绵延，人迹罕至。

祖谷藤桥

这里有吉野川、胜浦川、那贺川等水量富足的河流。这些河流可作为十分宝贵的水资源,但同时也让当地人常年苦于治水。

德岛县内的气候分为三大地域:德岛市、鸣门市、小松岛市等所在的东北部;三好市、美马市等所在的西部;阿南市、海阳町、美波町、那贺町等所在的南部。

全县气候温暖,夏秋两季雨水较多,而冬季降水量、降雪量都很少。德岛平原以北是濑户内海式气候、四国山脉以南属于太平洋气候。

东北部是典型的海洋性气候,日照时间长,在全国也是屈指可数的。但从夏季至秋季多受梅雨、台风、秋雨等潮湿气流的影响。冬季气候温暖，气温很少下降至0℃以下。

西部是内陆性气候，容易出现放射冷却现象，因此温差较大。冬季有降雪，有时会积雪，山间的路面也经常冻结。

南部沿岸常年气候温暖，日照时间长。而位于四国山脉中的山区在发生台风或进入梅雨、秋雨季节时，多出现创纪录的大雨，属日本降水量最多的地区。

德岛县相关数据：

面积：4,146.79平方千米

总人口：744,837人（截至2017年4月1日）

人口密度：180人/平方千米

相邻都道府县：香川县、爱媛县、高知县

德岛县人的性格特点

当地人既勤劳又开朗

也许是因为全国有名的阿波舞,大家都普遍认为德岛县人一年都头都在跳舞。从德岛人独特的舞蹈手势以及脚上的动作,就能感受到他们的爽朗性格。

尽管德岛县山地较多,但该县东部面临着浩瀚的太平洋,所以我们也能够理解德岛人开朗性格的养成。

但在四国的四个县中,可以说德岛县人是最勤劳的人。据NHK国民意识调查,德岛县抱有"认为劳动是很痛苦的事"这样想法的人的比例,在全国位列第46位,从这个数字可以侧面看出德岛人的勤劳。

的确,阿波舞活动是一项非常大型的活动。每年的盂兰盆节时,全体县民都会只专注于跳舞。因为一年只有一次,所以我们能够看到不同寻常的热烈场面,但平时生活里他们还是十分勤劳的。

他们努力工作，控制无用的开销，默默存钱。这里的县民收入在全国仅排第43名（2012年数据统计），但人均储蓄与存款金额竟位居全国第三（2015年数据统计）。

在《新人国记》中有着这样的记载："他们都很健壮且十分精明。正因为他们精明，他们懂得变通。在这里，没有骗人、抢劫之类的事……"

因德岛县的东方正是辽阔的海域，所以当地人也多富有进取之心。

自江户时代起，德岛县就一直与大阪等关西地区有着很密切的联系。因为这里与邻近的香川县隔着赞岐山脉、与高知县隔着险峻的四国山脉，两县之间来往十分不便，而从德岛乘船即可到达大阪、和歌山（当然途中也有鸣门涡潮这个险境）。

面朝大海的地域，自古以来准确把握海潮的流向是十分重要的一项工作。在与淡路岛之间的鸣门海峡发生的涡潮，给当地人的生活带来了很大的影响，因此读懂海潮的流向应该是他们日常生活中最重要的事。

坚持就会胜利，每天都在认真观察涡潮的德岛人，也自然而然地掌握了准确把握事态发展动向的技巧。

蕴含在阿波舞中的历史故事

正如"赞岐男阿波女"这句话所说，阿波的女性是勤劳的、善良的，而男性中则有很多的懒人，他们喜欢赌博、喝酒，花天酒地。

不过从尾张（今爱知县）那里来了一位新的贵族老爷，他就是蜂须贺小六。蜂须贺小六原本是蜂须贺村（今美和町）的民间武士，后追随斋藤道三和织田信长转战各地。后来成了羽柴秀吉（后来的丰臣秀吉）的家臣，立下了赫赫战功。而且他先是做了播磨国（今兵库县）龙野的城主，后因为征讨四国（攻打高松）之功分得阿波国。战国时代（1467年—1590年）末期，秀吉任命小六的长子家政作为阿波国的统治者。

尾张人现在也是这样，他们在日常中看重勤俭，不厌烦地劳动，重视存款，以备不时之需。来到阿波的蜂须贺氏自然而然地也就在此基础之上实施了政策。但对于长期以完全不同的方式生活的阿波人来说，倍感压力。

为什么阿波舞一年比一年绚丽？

人们就是在上述情景下开始了阿波舞，但也许是因为一年只有一次，人们还是无法完全消解心头的压力，所以阿波舞一年比一年绚丽。

实际上这也是有历史原因的。据说，这也是因为大名或一部分商人，将自己积蓄的财富不遗余力地投入阿波舞中。自江户时代之前起，阿波就以吉野川流域为中心，种植现在成为特产的蓼蓝。因为大名将蓼蓝的上市、贩卖都置于严格的管理之下，所以从事蓼蓝贸易的一小部分的商人获得了巨额财富。这些商人从而接触到上方多彩的文化，于是将自己积蓄的一部分用于振兴阿波舞。

仅从电视上，也能感受到阿波舞的绚丽。这类活动，世界上任何一个国家都能举办，但最有名的是具有世界性的里约热内卢的狂欢节。

阿波舞也毫不逊色于狂欢节，至少目前日本国内各地以同一命名进行的活动也就只有阿波舞和YOSAKOI拉网节。

阿波舞也频频出现在国外，引起很大的反响。可以说，阿波舞文化是日本创造出的世界性的文化财产。

德岛县方言中有个词叫"狡猾"，意思是说一个人机灵、有小聪明、精明周到。我想这也是《新人国记》中所说的"智"吧。

另外，德岛县硬木佛龛的产量居全国第一，同时这里也是信奉真言宗人数最多的县（NHK国民意识调查）。"四国八十八灵场"中有24处在德岛县，这也充分显示了这里与真言宗开山鼻祖空海（弘法大师）的渊源之深。

虽地处偏僻，但当地人极具进取心

德岛县人待人接物一直都非常柔和，所以他们生来就具有商人的气质，再加上与关西人交流多，所以他们更善于做贸易。

因德岛人在语言上受关西的影响，所以德岛方言中有很多的京都方言。

当然，上方的影响并不只表现在贸易及语言上，它也为这里带来了新的物产及信息。在德岛人的意识中，始终都有海对面的京城，他们感受着从那里吹来的新鲜空气，冷静地感受着对面传播而来的信息，成就着自己的事业。其中具有代表性的企业有大冢制药工厂、软件公司 Just Systems、日亚化学工业等。

大冢制药工厂是大冢制药、大鹏药品等大冢集团下的企业(现在是控股公司大冢控股)。他们研发了皮肤病治疗剂"娥罗纳英 H 软膏"、健康饮料水"宝矿力水特"、营养品"Calorie Mate"等,可以说这些产品都在新的领域抢占了先机。

Just Systems 公司开发了被称为"一太郎"的 DOS 版日语文字处理软件,以及假名、汉字互换软件"ATOK"。因为近年微软公司的软件多被作为电脑标配,所以 Just Systems 则一时不被人关注。但也有不少忠实粉丝因其较高操作性及变换的准确性,而只使用日语文字处理软件"一太郎"。

位于阿南市的日亚化学工业公司,是一家最早将蓝色 LED 产品化的企业。蓝色 LED 一直被认为是一种很难的工艺,日亚化学工业公司在此基础上又将白色 LED 产品化,并用于信号灯、路灯或手机背景光。将 LED 全彩色、高效率照明变成现实的最先进技术,以及将这些基础产品化的中村修二(爱媛县人),于 2014 年获得了诺贝尔物理学奖。

这种进取心,使得德岛县两年间的社长辈出率(相对于总人口的社长人数比例)在全国居于首位(东京商工研究调查结果)。

德岛县的重要数据和知名人士

德岛县在日本名列第一的几个领域

领域	数值
幼儿园数量（2014年）（每10万人）	1,021.3家
小儿科医生人数（2014年）（每10万人）	307.69人
药剂师人数（2014年）（每10万人）	210.86人
糖尿病死亡率（2013年）（每10万人）	17.6人
酸橘产量（2013年）	5,776.1吨

德岛县出身的名人

政界

高井美穗（三好市）

中村博彦（吉野川市）

山口俊一（三好市）

中西祐介（阿南市）

福山守（德岛市）

三木亨（吉野川市）

商界

大冢武三郎（鸣门市），大冢制药创始人

川田源一（阿南市），日刊体育新闻社创始人

小川信雄（阿南市），日亚化学工业创始人

文化界

立木义浩（德岛市），摄影家

大江正则（鸣门市），作家

乾荘次郎（德岛市），作家

柴门富美（德岛市），漫画家

竹宫惠子（德岛市），漫画家

村生美绪（德岛市），漫画家

斋藤久（美波町），动画导演

演艺界

哀川翔（德岛市），演员

大杉涟（小松岛市），演员

堀尾和孝（小松岛市），吉他演奏家

大冢千弘（德岛市），演员

武田真理子（德岛市），演员

谷川清美（鸣门市），演员

体育界

武田久（德岛市），北海道日本火腿斗士职业棒球队队员

多田大辅（德岛市），广岛东洋鲤鱼职业棒球队队员

谷哲也（都留歧町），中日龙队队员

藤田一也（鸣门市），东北乐天金鹰队队员

美间优槻（鸣门市），广岛东洋鲤鱼队队员

森唯斗（海阳町），福冈软银鹰队队员

盐谷司（小松岛市），广岛三箭俱乐部成员

九冈满（德岛市），大阪樱花足球俱乐部成员

实藤友纪（德岛市），福冈黄蜂足球俱乐部成员

尾崎将司（海阳町），职业高尔夫运动员

尾崎健夫（海阳町），职业高尔夫运动员

尾崎直道（海阳町），职业高尔夫运动员

德岛县特有的风味美食

幼鲑石板烧

三好市与香川、爱媛、高知各县相临。这是三好市东部的东祖谷地区的一道野外料理。

幼鲑指的是大口大麻哈鱼的幼鱼,是仅生存于水温较低的清流中的一种鱼。

"板石"是指扁平的石头,它替代了做铁板烧的铁板。在炉灶上放上这种扁平的石头,在石头上用豆酱做成"堤坝",进行烹饪,因此而得名。其做法是:先放入水、砂糖、白酒,用火加热,石头变热后,豆酱化在石头上,再放上小麻哈鱼煎烤。据说有些地区的德岛人,会一边加热石头一边去海里捕小麻哈鱼。

这道美食多被用于宴席中。如今,人们又在这种食物中加入了蔬菜,使其不仅是一种健康的食物,也是一种美味的"上等小锅"。

祖谷荞麦面

祖谷位于吉野川的上流，而荞麦面是仅用祖谷地区生产的荞麦制作而成。在做荞麦面时，不使用增稠剂做出的面条略粗，这就是祖谷荞麦面的特征。

当地人在庆祝活动时必定会吃荞麦面，但祖谷荞麦面没有使用，所以易断。因此，当地有个惯例，即婚礼的时候不吃荞麦面。

荞麦面汁是用干海参提取的调料汁做成的，带有淡淡的酱油味。所以，当面一入口，荞麦的香味就会在口中散开，吃客可享受到那种质朴的口感。

大盆清汤乌冬面

据说这是在山里劳作的人时常吃的一种料理。将煮过的乌冬面连同煮面的汤一起盛入一个大盆，就是所谓的大盆清汤乌冬面，可以很多人围着吃。

大盆清汤乌冬面是阿波市具有代表性的料理，但实际上在合并成阿波市之前的土成町自古就有这种料理。在婚丧嫁娶等宴席上，都有吃这种料理的风俗。

中国游客不可错过的德岛县景点

药王寺

这是一座位于美波町高野山的真言宗的寺院,是 726 年由僧人行基按照圣武天皇的天皇勅愿修建的,山号医王山。

这座寺院所在地是受赐于藩主蜂须贺氏的较有渊源的一座寺院,它也是四国八十八灵场中的第 23 处朝山拜庙者领取护身符的名刹。

多闻寺庭园

这是一座位于都留歧町的寺院,寺内的三重塔被指定为国宝。

这座庭院是以室町时代(1336 年—1573 年)初期庭院样式建造的,是德岛县的指定名胜古迹,庭院内有条枯竭的瀑布"龙门瀑布",是此处的重要看点。

有意思的是,该寺院的住持很喜欢自行车,于是设计出了自行车主题的护身符。

与中国省市结成友好城市的行政自治体

德岛县——湖南省

2007年,湖南省张家界市观光大使和人民对外友好协会副会长拜访了德岛县的县知事,双方自此开始了友好交流。2010年9月,德岛经济使节团访问湖南省,两县省间签订友好交流意向。之后双方之间的交流活动不断。同年10月,德岛机场与湖南省的长沙黄花国际机场间互通双向直属飞机航班,德岛县访问团访问湖南省。同时,代表德岛县县知事的友好交流团访问湖南省,双方签订友好关系协议。之后,双方的交流范围扩展至大学之间的学术交流等更多领域。

德岛市——丹东市(辽宁省)

1986年,德岛市提出"推荐以中国为主的与环太平洋各城市间的新的国际交流"的综合计划,向实现建立友好城市关系迈出一步。1987年,中国大使馆向德岛县推荐了丹东市,以德岛市市长为首的从事文化、教育、医疗、经济等方面事业的相关人员访问了丹东市，两市之间的友好交流活动发展顺利，结成友好城市关系趋势高涨。1991年3月，德岛市议会通过决议。同年10月，双方签订友好城市协议。

鸣门市——张家界市（湖南省）

2009年，张家界市举办"乡村音乐节"，邀请了鸣门市阿波舞振兴协会。自此，双方在观光、经济等领域交流的机会不断增多。同年12月，鸣门市观光协会与张家界市人民对外友好协会签订了友好交流意向书。2011年，德岛县与湖南省两地间的专属飞机首航，推动了两市间的相互交流。同年10月，双方签订友好关系协议。鸣门市与德岛县统一方针，双方今后将以更广泛的交流为目标开展活动。

美马市——大理市（云南省）

2006年，云南省的有关人员访问了美马市，他们认为美马市的文化背景与大理市很相似，于是便将美马市作为友好交流城市介绍给了大理市。2008年，美马市的太极拳协会访问大理市，双方通过太极拳的交流等活动，开展民间的友好亲善活动。2009年，双方签订友好城市协意。2010年8月，双方正式成为友好城市。

十一 爱媛县

爱媛县人充满朝气、温和乐观,有时也会冒冒失失。

简　介

爱媛县是信用卡交易（分期付款）的发祥地。这是一种如果买卖双方不能相互信任就无法达成的交易形式。这件事侧面反映了当地人的诚实可信程度。

正是因为受到濑户内海温暖气候的影响，爱媛县人总体上都是温厚、乐观的。他们被叫作"伊予先行人"，即对方的话还未说完，他们就开始行动，这也是他们乐观主义的表现。

但以宇和岛、大洲为中心的"南予"，以松山为中心的"中予"，以新居浜、今治、西条为中心的"东予"，这三个地区的人，在性格上有着很大的差异。"南予人"朴素、豪放；"中予人"善于社交、向往文化；距关西较近的"东予人"，善于把握时代发展，且正直。

这里渔业、航运业发达，14—16世纪时是海贼的根据地。村上水军既承担着这里的贸易、流通等，也支持着战国大名。他们终日以大海、海贼为对手，过着冒风险的生活，造就了争强好胜的性格。

在每年夏季的甲子园棒球比赛中，爱媛县的优胜率仅次于大阪府，位于全国第二名，且以春夏两季胜出 10 场的优异成绩排在全国第九位。这充分体现了爱媛县人的好胜心。

爱媛县的与众不同：

①这里有日本最早的道后温泉，据说圣德太子曾使用过。

②一半以上的国产毛巾，都出自爱媛县。

爱媛县的地理状况和气候条件

爱媛县位于四国的西北部，北面是濑户内海，西面临着宇和海。县政府设在松山市。

宇和海的前面是丰后水道，宇和海的突出位置是佐田岬半岛，南面的丰予海峡前端与太平洋相连。

爱媛县的面积在全国排名第 26 位，并不是个很大的县，但孤岛有 270 个之多，海岸线长达 1717 米。它在四国的四个县中是海岸线最长的一个县，在全国仅次于北海道、长崎县、鹿儿岛县、冲绳县，位居第五。

爱媛县与高知县相交的南侧，有横跨东西的四国山脉，同时还有较大面积的日本三大喀斯特地形之一的四国喀斯特。在西条市与久万高原町的交界处，耸立着西日本最高的山峰石锤山。东侧与邻近的香川县交界线直线距离不足 10 公里。境内的赞岐山脉紧挨着海岸。

濑户内海一侧的气候和临着宇和海地区的气候有很大不同。

濑户内海气候温暖少雨，夏季常发生濑户内海沿岸特有的无风无浪现象,有时白天气温超过35℃,且夜晚温度常高于25℃,属炎热、酷暑天气。

当地内陆地区因为没有很大的河流及湖泊,所以常常缺水。县政府所在地松山市,就实行了供水限制。另外,久万高原町等有些内陆地区较为凉爽,町内多种植高原蔬菜等。

宇和海一侧受暖流黑潮(日本海流)的影响,十分温暖,很少有台风登陆,降水量很多。

爱媛县的冬天,会出现一两次降雪天气。尤其是从佐田岬至法华津峠之间的这片区域,从西北吹来的潮湿冷风,通过关门海峡的上空,再经过伊予滩,直抵陆地,所以容易出现降雪。

久万高原町位于海拔超过500米的地方,冬天很冷,有时也会积雪,因此当地有滑雪场。从冬季至春季这段时间,晴天较少。

根据电视台的不同,天气预报也有差别,会分别对东予、中予、南予(合称"三予")进行播报。

爱知县相关数据:

面积:5,676.19平方千米

总人口:1,367,077人(截至2017年4月1日)

人口密度:241人/平方千米

相邻都道府县:德岛县、香川县、高知县、广岛县

爱媛县人的性格特点

地区不同，人们的性格各有不同

在 47 个都道府县中，只有爱知县和爱媛县这两个县的县名里有"爱"这个字，但有很多人不能准确地将"爱媛"读成"えひめ"，这也曾成为人们的话题。的确，把"爱"读成"え"、把"媛"读成"ひめ"，确实是有些难度。

从"爱媛"这个名字来看，容易让人想象到这里到处都是可爱的女性。但其实"爱媛"这个名字源于《古事记》中伊予国的别称"爱比壳"，也有"长女""姐姐"的意思。

提到爱媛县，大家就会想到柑橘、道后温泉、夏目漱石的《哥儿》等。

在爱媛县，有 270 个位于濑户内海的岛屿，其数量在与濑户内海相邻的各县中最多，当地人将连接广岛县和爱媛县的本四架桥（本州四国联络桥）称为"西濑户自行车道"。因为这里岛屿众多，过去常有海盗出没。爱媛县受濑户内海特有的温暖气候的影响，做事不紧不慢，休闲自得。

这里还有可追溯至神话时代的日本最古老的温泉——道后温泉。它有着三千多年的历史，并与有马温泉（兵库县）、白浜温泉（和歌山县）一起被称为"日本三古汤"。无论人们在工作中多么疲劳，只要在这温泉中泡一泡、流流汗，什么都不再是难事。

爱媛县是个东西跨度较长的县，江户时代被分为八个小藩（有川之江藩时是九个小藩）。因此东部（东予）和中央部（中予）、西南部（南予）这三个地域的人，在性格特点上有着很大的差异。

东予人貌似很休闲，但其实早就在努力了

东予指的是以今治市、西条市为中心的地区，这里原本农业较发达，但进入经济高速成长期之后，便向工业地区转变，且取得了较大的成就。现在爱媛县在四国地区是工业生产额最高的县。

今治市的毛巾生产量在日本位居第一，造船业也很有名。新居浜市、西条市是化学工业及产业机械的中心，四国中央市的造纸业和纸加工业较繁盛。

东予地域因和四国的其他三个县相比邻，所以自古就有很多人来来往往，由此也带来了各种信息。战国时代这里和其他诸国相邻的地方都曾处于十分紧张的局势。

明治维新之后，铁路、船舶成为主要的交通手段，人或信

息在社会中的决定性作用渐渐减弱。而太平洋战争之后，这里整顿公路路线，由于接近四国中心部的东予境内有几条高速公路纵横交错，这里再次成了交通要塞。

最能体现东予人性格特点的，应该是"四国中央市"这个名称。因为平成的市町村大合并，全国各地出现了一些大家都不熟悉的市名，四国中央市就是其中之一，它是川之江市、伊予三岛市、土居町、新宫村这四个市町合并而成的市。从地图上看，它位于四国濑户内海一侧近乎于中央的位置。

尽管在位置上，它的确是位于中央的位置。在其他地方的人看来，靠近京都、大阪这两个城市的香川县高松市才是四国的"玄关"。另外，从人口、产业、预算规模等来考虑的话，一般人认为县政府所在地松山市才能称得上是四国的中央。

全国几乎所有的地方城市，除了电视、广播、报纸等这些媒体行业及金融机关外，家喻户晓的企业很少，但在东予就有几家以造纸业、纤维业的上市公司。也许除了是因为这些公司位于四国北部中央位置这个地理条件之外，也跟"四国中央市"这个名称有关。

但不管怎样，对于"四国中央市"这个名字，有些人可能会产生错觉，县内的人当然也定会担心其他各市町村的反应，爱媛县人有着极强的自尊心。

如前所述，爱媛县内有"伊予先行人"这样一句话。意思是当别人要讲的话刚讲到一半，他们就已经朝那个方向努力了、行动了。这个特点，往好了说是做事敏捷，往不好了说是做事太冒失。

东予人就是这种性格的典型,这也是有一定的历史原因的。

东予不仅位于四国的中央位置,而且距离冈山、广岛、京都、大阪都不是很远。

江户时代爱媛县被分为几个小藩,所以当地人对京都、大阪发生的事情十分的在意,而且也对邻近的诸国、诸藩的动向绷紧了神经,而且相邻的藩越多,他们就绷得越紧。因此,这就更加要求东予人比其他地方的人能够在第一时间内掌握事态的动向,还得及时应对、积极行动。

也许他们对这种时刻处于紧张的状态已习以为常,所以就有了"伊予先行人"这样的说法。也正是因为濑户内海沿岸性格休闲的人较多,所以他们的这种性格就显得与众不同。

不紧不慢的中予人

中予指的是爱媛县的中心松山市和周边地区。县政府所在地的松山市,作为松平氏的城下町发展而来,现在松山市的人口为42万人,接近全县人口的三分之一,这里也是四国最大的城市。

自江户时代起松山人就注重文化的兴衰,因这里是俳句诗人正冈子规、高浜虚子的出生地而名声远扬。

每个面对濑户内海的县的居民,都有种不紧不慢的性格,这在爱媛县也不例外。其中中予人尤为宽厚、淡定。如前文所述,道后温泉也在很大程度上体现了人们的这种性格。目前道后温泉已是全世界知名的观光地，来此游览的人不单单是日本国内的人。

这里的三重县伊势神宫也是如此，对于那些特别出众的观光景点，人们都会自然而然地聚集而来。由此，这里的产业、商业也繁盛起来，也就有了就业机会。

中予与东予、南予有着不同的氛围，也许是因为这里有道后温泉，自然条件优越，人口较为集中，所以没有必须努力发展产业的紧迫感。

好容易可以出来自由自在地生活几天，想要忘记忙碌的生活，放松下自己——因为中予人十分理解有这种想法的游客的心理，所以他们也相应地活成了这个状态。

前文提到的正冈子规，据说他在学生时代，被从美国传来不久的棒球深深吸引了。擅长英语的子规对棒球十分着迷，因此他想出了一些英文词的日语翻译，其中很多词都是经典翻译，直至现在仍在使用。从这件事情中，也能感受到中予人的认真精神。

团结一致的南予人

南予位于四国的西端，从地图上看与九州的大分县近在咫尺。

这里有造型复杂的、有着独特美的里亚斯型海岸，以及由宇和岛市、大洲市等城下町营造的独特氛围。

其中心部的宇和岛市是珍珠的名产地，珍珠产量毫不逊色于伊势志摩（三重县）。这里的海岸线复杂，宇和海的小岛的养殖业也很繁盛，主要养殖鲷鱼及鰤鱼。

另外，还有一项支持本地经济的产业，即柑橘类的种植业。爱媛的柑橘在当地品牌产品中最早为人熟知，其产品名字中带有旧国名"伊予"的伊予柑，不仅在当地很受欢迎，也远销至世界各地。

农业、渔业这些第一产业，都是以自然为对象进行作业的产业，所以其严峻性与其他产业完全不同。正是因为这里没有什么可值得一提的产业，所以"无论怎样，农业和渔业都必须延续下去"的想法已深入当地人的人心。

尤其是最近对有关食品安全的问题控制得十分严格。在这样的环境中，爱媛县的柑橘达到了生产标准。他们一直从事着严格的生产活动，十分了不起。

南予距离县政府所在地松山市较远，与大分县相隔于宇和海及丰后水道，相互交流更多。

南予人并不是很重视与外部的交流，但当地人本身还是很团结的。

宇和岛自古就有一个叫作"讲"的类似互助会的组织。在当地人的生活中，这个组织占有很重要的位置，比起个人的预先安排，人们更重视"讲"组织的安排。

然而本地人之间的关系过于亲近的话，其他地方的人就会觉得很难和他们接触，感觉似乎存在着一种看不到的障碍。

性格多样，内心强大

现在的"县"，有很多都是江户时代以来的几个藩合并在一起的。这些藩相互之间在地理上或政治上的交流较少，所以就各自形成了独特的性格特点。

尽管爱媛县内各地人的性格特点各有不同，但他们有一个共同的特点，就是在一天24小时中，用于兴趣、娱乐的时间（均居全国第一位）多于工作、学习的时间（居全国第44位）。也不能说爱媛县人只知道玩乐。实际上他们接触媒体的时间居全国第二位，可以看出他们对信息是非常敏感的。

这个地方的水上交通十分发达。自古以来爱媛县人都是比较开放的，当然也能最早掌握畿内的信息。正因如此，他们在很多领域都走在全国的最前沿。想出分期付款消费方式的人就是东予今治的商人。

另外，爱媛县与中国、朝鲜等亚洲国家的交流也有着很长的历史，有着让人意想不到的国际范儿。因此他们在与人交往时都是比较开放的。尽管如此，也不能认为爱媛县人的性格淡定、爽朗，因为他们在与国内外人的长期接触中，已锻炼成了内心强大的人。

"爱媛"虽是"美丽女性"的意思，却也可能是"带刺的玫瑰"。

爱媛县的重要数据和知名人士

爱媛县在日本名列第一的几个领域

领域	数值
养殖鲷鱼产量（2014年）	35,398吨
猕猴桃产量（2014年）	7,290吨
毛巾上市量（2014年）	224.7亿日元
纸质卫生材料上市量（2013年）	85亿日元
上班、上学时间段（每周的总平均时间）	20分钟

爱媛县出身的名人

政界

　　盐崎恭久（松山市）

山本顺三（今治市）

商界

井关邦三郎（宇和岛市），井关农机创始人

浮川和宣（新居浜市），JustSystems 创始人

高畑诚一（内子町），双日创始人

文化界

白川义员（四国中央市），摄影家

大江健三郎（内子町），作家

片山恭一（宇和岛市），作家

黑川博行（今治市），作家

天童荒太（松山市），作家

早坂晓（松山市），作家

松浦理英子（松山市），作家

鸿上尚史（新居浜市），剧作家

二宫清纯（八幡浜市），体育记者

太田多门（松山市），漫画家

加地君也（四国中央市），漫画家

衣谷游（松野町），漫画家

木村太彦（四国中央市），漫画家

安永圭（今治市），漫画家

山口舞子（西予市），漫画家

演艺界

青田典子（松山市），歌星

秋川雅史（西条市），歌手

高见知佳（新居浜市），影星

水树奈々（新居浜市），歌手

大木凡人（八幡浜市），影星

友近（松山市），影星

ノッチ（新居浜市），喜剧艺人

村上乔治（今治市），喜剧艺人

藤冈弘（久万高原町），演员

宫本真希（八幡浜市），演员

真锅熏（西条市），影星

体育界

安乐智大（松山市），东北乐天金鹰队队员

鹈久森淳志（松山市），东京养乐多燕子队队员

大本将吾（西条市），福冈软银鹰队队员

熊代圣人（久万高原町），埼玉西武莱昂斯队队员

川又坚碁（西条市），磐田喜悦足球俱乐部成员

长友佑都（西条市），国际米兰足球俱乐部成员

前野贵德（松山市），新潟天鹅足球俱乐部成员

爱媛县特有的风味美食

酱油年糕

这是一种将细米粉（用粳米为原料做成的颗粒较小的面粉）和砂糖用酱油做成的日式点心。据说这种点心始于江户时代，当时的首任松山藩主、松平定胜在三月的节日女儿节时将这种点心分给家臣，以祝福繁荣。

如今每个家庭都会做这样的食物，而且每个家庭做的酱油年糕的形状、味道都各有不同，有的还是特有的妈妈的味道。在县内的特产店中，也售有这种酱油年糕。

杂鱼天妇罗

这种食物是在距离南予的海边较近的地方做的一种可食用的鱼肉加工品。

它的做法是：将在近海处捕获的鱼的肉糜做成长15厘米、宽10厘米的椭圆形，然后用油炸。一般认为发光鲷鱼作为原料最好。

因为它比白肉鱼的天妇罗颜色更深,且还能品味到鱼本来的鲜味,所以相当有人气。

清水涮鲛鱼

在宇和岛捕获的鲛鱼被称为"浮咖"。将新鲜鲛鱼的生鱼片在热水中焯一下,马上浸在冷水中,再放上味噌芥末食用。这种吃法就叫作"清水涮"。

"味噌芥末"是在麦味噌的基础上揉入和黄芥末制作而成。鲛鱼清淡的味道与咸甜的豆酱调和在一起,特别美味。这是一道在婚丧嫁娶的宴席上不可缺少的菜品,有时还可放入蒟蒻、豆腐或当季蔬菜等。

松山馅饼

在爱媛县,尤其是松山市周边地区,如果提到馅饼,毫无疑问指的就是栗子馅饼。在烤的软软的蛋糕上放入馅,在馅中装点着栗子,卷起来即可做成栗子馅饼。

当地人为区别西式点心的馅饼,会在"馅饼"名称前加上"松山""爱媛""道后松山"等字眼。

中国游客不可错过的爱媛县景点

西山兴隆寺

这是一座被认为是真言宗醍醐派特别总寺院的特别寺院，位于西条市，正式名称为佛法山佛眼院兴隆寺。

在因从唐朝带回真言密教的空海（弘法大师）在此修行而闻名的四国境内，有很多至今还保存着空海足迹的地方。这些地方被命名为四国特别灵场，西山兴隆寺就是其中之一。据说是空海聚齐了境内的七堂伽蓝。

在去往山上正殿的途中，有一座敕使门，那里有空海题字的匾额。这座正殿的建筑风格为南北朝时代和式风格与中国唐朝风格的折中版，它与铜钟、宝箧印塔一起被指定为日本重要的文化财产。

在兴隆寺的周围，春天时染井吉野樱花和垂枝樱花竞相开放；秋天是赏红叶的时节，300 株红叶树营造出美丽的景观，因此这里也被叫作"红叶寺"。

祥云寺观音堂

上岛町由浮在濑户内海中的18个岛屿组成。其中的一个岛岩城岛的西南部山麓上，屹立着一座古寺，那就是国家重要文化财产之一——祥云寺观音堂。

据说祥云寺观音堂建造于1431年，是单层歇山屋顶式唐朝建筑风格，也是存留至今的室町时代的寺院风格建筑。寺中的须弥坛也是唐朝风格，其独特的样式引人注目。

正殿的后面有一棵树龄为600年的大树乌冈栎，高约6米，树干圆周约3米，树枝伸展范围达30米。现在已被指定为爱媛县的天然纪念物。

耸立于岛中央的是积善山（海拔369.8米），因其山形与富士山相似，所以也叫作"岩城富士"。

上浦艺术会馆

从今治市开车走"西濑户自行车道"的话，即可到达三岛。1982年，上浦町历史民俗资料馆开馆。从开馆时期，这里就与今治市书法家村上三岛有着很深的渊源。

1990年，为扩大其展示室和收藏库，今治市扩建了有多功能大厅的上浦艺术会馆。2007年，村上三岛的工作室从大阪府高槻市迁移至此，以展示给世人。

村上三岛纪念馆内，不仅有很多他的作品，也陈列着很多他珍藏的明清的古墨、砚台等贵重藏品。

爱媛文华馆

　　爱媛文华馆位于今治市,是爱媛县内最古老的美术馆之一。馆内陈列着居住在今治市的前馆长二宫兼一个人收集的日本、中国、朝鲜的古陶器和美术品,有唐三彩的马、汉代的彩陶犬、隋朝的白瓷等1500件展品。所以到此来访的人,不仅有游客,也有历史、文化的研究者。

与中国省市结成友好城市的行政自治体

爱媛县——陕西省

爱媛县和陕西省自很早以前就多次进行相互访问、民间交流等活动。2013年,双方签订关于发展友好县省关系的备忘录。2015年7月,双方正式成为友好城市。

宇和岛市——宁波市象山县(浙江省)

自1981年4月起,旧吉田町的农家曾约连续九个月接收中国的研修生,这是基于日中农业农民交流会和中华全国青年联合会而举办的活动。之后双方每年互派访问团、接收研修生。2005年,吉田町同宇和岛市合并,新的宇和岛市继续与象山县进行着友好交流活动。

新居浜市——德州市

1992年,新居浜市市长访问中国,双方一致同意缔结友好交流关系及中小学校的友好学校关系。同年，德州地区行政公署专员访问新居浜市，双方签订缔结友好交流关系协议。德州地区于 1994 年 12 月改为德州市，继续保持与新居浜市的友好交流关系。

西条市——保定市（河北省）

1981 年，西条少年合唱团访问保定市，双方自此开始交流活动。之后，双方市长、经济交流团开始进行互访，并扩展至教育、文化、医疗等领域，加深了相互的了解与亲善。1994 年，双方一致同意缔结成友好城市。同年 9 月，正式举办友好城市签订仪式。

四国中央市——宣城市（安徽省）

川之江市的造纸业十分繁盛，而宣城市是有名的宣纸产地。1982 年，拥有共同背景的两市以经济界为中心开始交流活动，之后交流活动领域不断扩展，双方不断加深交流。1995 年，双方在当时的宣州市签订友好城市协议。之后宣州市改为宣城市宣州区，双方继续交流合作。2001 年 4 月，双方缔结友好城市关系。川之江市也在 2004 年与邻近的市町村合并为四国中央市，继续履行协议，直至今日。

十二 高知县

太平洋的惊涛骇浪,赋予了高知县顽强的反抗精神和自由奔放的性格。

简　介

　　幕末时期或明治维新时期，这里不叫高知。高知县旧称土佐。"土佐"来自于古代日本的神话传说，被称作"土佐国建依别"，意思是英勇男子汉的国度。从地势、风土人情等各方面来看，都可以说指的是高知。

　　高知县实行森林保护政策，森林资源丰富，主要林产品有香菇、木炭、竹材等，是中部山岳地带居民的主要收入来源；水资源非常丰富，其中香鱼闻名全日本，1994年建立了香鱼种苗中心，水面养殖业发展迅速。

　　菲律宾近海处形成的台风往东北方向移动时，会登陆高知县，所以这里经常能够听到有关台风的信息。耸立在县北部的四国山脉，将高知县与爱媛、德岛这两个县隔离开来。

　　无论年龄、性别，高知人都不拘小节，虽有时马虎大意会带来灾祸，但都不以为然，幕末时期有志之士坂本龙马就是一个典型的例子。顺便说一句，"龙马机场"是高知机场的昵称。

　　此外，这里还是全国400多个地方都会举办的"夜来祭"

的发祥地。

高知县的与众不同：

①土佐地区的电气铁道是日本现存最古老的、最长的线路。

②高知县森林覆盖率80%以上。

③茄子、生姜、小辣椒、韭菜的产量，均居全国第一。

高知县的地理状况和气候条件

高知县位于四国的太平洋一侧,县政府所在地为高知市。高知市南临太平洋,北靠四国山脉。

高知县有很多海域,但从高知市至香南市、香美市,均为广袤的高知平原,在西南部的四万十市周围也有一些宽广的平原,除此之外,直至海边均是山脉,山地面积占全县面积的89%。

这里有着水量丰富的河流,如有流经县西部、以清澈闻名世界的四万十川,以及沿石锤山南下注入土佐湾的仁淀川,从县北部流入德岛县的吉野川等。

另外,四国山脉的白发山上也有水源,这里因汇集了三十多支支流流入土佐湾的物部川、安田川等清流而闻名。

因此,当地人几乎不用担心供水不足,但苦于治水。县内的很多主要河流,都在江户时代初期由土佐藩进行了大规模的改建。

这里气候温暖,晴天较多,年日照时间超过2000小时,居全国第一或第二。降水量也很多，平原的年降水量为2500毫米左右，山区的年降水量超过了3000毫米，东部山区的鱼梁濑地区年降水量超过了4000毫米，在日本是数一数二的强降雨地带。

夏秋两季，有台风频繁来袭。据统计，1951年之后，台风登陆次数仅次于鹿儿岛县。足摺岬和室户岬都是因强风而知名的地方。

冬季时，多云天气较多，县内气温有时会降到0℃以下，白天较暖和。室户岬和足摺岬等半岛及太平洋沿岸属于无霜地带，有很多运动员利用这里的温暖气候在此开展集训。沿海地区有时会出现"海雾"现象，海面上升腾起来的蒸汽给人一种奇幻的感觉，这是由于暖流黑潮（日本海流）流经高知县邻近的太平洋时引起的一种现象。平原地带很少积雪，但山区则有时会有大雪。

一到春天，"樱花前线"的动向就成了人们的话题，每年高知县都是染井吉野樱花开花最早的地方。

高知县相关数据：

面积：7,103.93平方千米

总人口：715,374人（截至2017年4月1日）

人口密度：101人/平方千米

相邻都道府县：德岛县、爱媛县

高知县人的性格特点

给人以顽强、靠谱的印象

高知县之所以给人以深刻的印象,完全是因为这里出过一位在历史上家喻户晓的大人物——坂本龙马,若仅靠"夜来祭"、四万十川、自由民权运动、海洋深层水等,高知县是不会如此有名气的。

如果有人说自己是高知县人的话,一定有很多人马上会想:"这个人一定很能喝酒。"实际上,有很多高知县人在喝酒方面都是海量。他们真的是无论什么事只要没有酒就开始不了。

尽管这只是个表现县民性格特点的轶事,但高知县人爱喝酒这件事可谓是路人皆知。

有个笑话说:如果意外得到了一万日元,你会怎么做?

德岛县人会以此为本钱再挣钱,香川县人会将其存起来,爱媛县人会马上买东西,而高知县人则会再加上一万日元用来喝酒。

据说，高知机场也叫作"龙马机场"。虽然在海外有不少这样的叫法，但在日本国内极少有以真实人名命名的公共交通设施。当地人甚至还做出了龙马乘坐飞机的卡通形象，可见他们是有多么敬爱坂本龙马。

其实很多高知人都应该受到了龙马的恩惠。就职面试时，如只剩下高知县人和佐贺县人，要选出一人的话，十有八九高知县人会被选中。面试官会认为高知县人性格顽强，不轻易气馁，靠得住。

另外，高知县人十分喜欢争辩，甚至是无休止的争辩，直至辩出是非。如果他们喝了酒，那争辩几乎就得拼个你死我活。

如果是高知县人感兴趣的事，他们会一做到底；不感兴趣的话，问也不问。高知县人一般都能着眼大局，所以也出了很多有领导能力的人。

有些高知县人多挥霍金钱，尤其不惜在赌博与喝酒上花钱。

无论男女，都很难对付

有段很有名的轶事，说的是幕末时期知名的藩主山内丰信曾集合所有的家臣，问他们："你们能喝一升酒的人，走向前来。"

没有人走出来。

于是，他又问："有能喝两升的吗？"

结果全体人都走向前来。

高知人爱喝酒，且喝的不是一点半点的量。高知人如果说"能喝点儿"，意思就是至少能喝两升。

也许正是因为爱喝酒的习惯，高知县自古病人就多。当地医院每年新住院的患者人数，在全国排第一（每10万人，2015年数据统计）。每天平均外来患者人数也在全国最多。一般医院的数量、床位数、住院患者平均每人住院时间等，都排在全国第一。与此同时，当地的医生、护士也很多。

由于高知县人爱喝酒，不仅导致生病的人多，而且造成了严重的社会影响——领取生活保障费的家庭所占比例较高，也有出现了很多民生委员（市镇照顾贫困户的人）。

无论官民，都有很多酒后驾驶的人。2001年出台的《危险驾驶致死伤罪》，正是因为1999年11月一起发生在东名高速公路上的酒驾追尾事故，导致一名幼儿死亡。那位卡车司机就是高知县人。

高知县死于突发事故的人数，在全国最多。也许是受此影响，高知县高龄的单身家庭非常多，在全国排第二名。其中有一些就是夫妻一方过早去世的家庭。

有时候，高知的女性比男性更爱喝酒。她们一旦喜欢上一个男人，便会对他一心一意。然而，即使结了婚，她们若感觉对方不是自己想要的样子，也会淡然提出离婚。因此，很长一段时间内高知县的离婚率都高居全国第一。

气候温暖，但当地人也领教过自然的威猛

高知县即使到了冬天也很暖和，这里因作为职业棒球联赛的集训场地而名声远扬。县南部全部是海洋，而且是与遥远的

异国他乡相连的太平洋。

当地的台风登陆次数较多，仅次于冲绳县。从新闻中常见到的足摺岬和室户岬的周边状况，也能想象到那里猛烈的自然灾害。

最能代表高知县人性格特点的有坂本龙马、中冈慎太郎、自由民权运动的指挥者板垣退助、中江兆民和吉田茂首相（生于东京都，但其父是高知县出身）等，都是固执且对自己的主张绝不让步的人。

因饮酒被高中劝退并由此状告学校的知名漫画家西原理惠子，也是高知县人。

对于高知县人这样的形象，《古事记》中有过这样的描述："土佐国的人十分勇猛。"

他们是日本独一无二的？

高知县有个学校叫明德义塾高中。这所学校有很多体育类的教育活动，且接受来自世界各国的留学生，是一所有名的兼有初中和高中的学校。

这里的学生们经常参加春夏两季的全国高中棒球大会，且在2002年夏季的全国冠军赛中取胜。他们出战甲子园春夏两季，共33场，以53胜32负的成绩胜出。

大相扑的第六十八代横纲朝青龙明德、足球运动员三都主阿雷三朵（日本外籍球员）、职业高尔夫球手松山英树、女子职业高尔夫球手横峯樱等，都毕业于这所学校。

单纯的初高中连读的教育和全寄宿制的学校哪里都有，但极少有学生全部这么多社团活动且以融合国际教育等要素为教育方针的学校。只有高知县才会以从来都没有过的思路思考问题，并去实现它。

回想起来，奠定三菱财阀基础的岩崎弥太郎，开创在世界推广的公文式学习法的公文公，也都是高知县人。

高知县人不拘泥于既成的价值观，有着自由奔放的想法，常常以一个全新的方法做事，等等，很难预料到他们身上将发生什么。

高知县的重要数据和知名人士

高知县在日本名列第一的几个领域

领域	数值
饮酒费用（2012—2014年，年均）（每户）	36,903日元
便当店、外卖店店铺数（2014年）（每10万人）	23.04家
咖啡馆店铺数（2014年）（每10万人）	156.37家
蔬菜店、水果店铺数（2014年）（每10万人）	30.49家
茄子产量（2013年）	36,700吨

高知县出身的名人

政界

　　石田祝稔（高知市）

　　吉良佳子（高知市）

山本有二（高知市）

商界

岩崎弥太郎（安芸市），三菱财阀创始人

竹内明太郎（宿毛市），小松制作所创始人

文化界

有川浩（高知市），作家

山本一力（高知市），作家

安倍夜郎（四万十市），漫画家

井上淳哉（四万十市），漫画家

岩本久则（高知市），漫画家

古味直志（津野町），漫画家

西原理惠子（高知市），漫画家

德弘正也（大丰町），漫画家

中平正彦（高知市），漫画家

西谷祥子（高知市），漫画家

福原铁平（高知市），漫画家

正木秀尚（香美市），漫画家

森山大辅（宿毛市），漫画家

山田章博（高知市），漫画家

和气一作（室户市），漫画家

山田和也（须崎市），电影导演

文娱界

冈本真夜（四万十市），原创歌手

浜田裕介（四万十市），原创歌手

堀内佳（四万十市），原创歌手

圆广志（东洋町），原创歌手

北村总一朗（高知市），演员

岛崎和歌子（南国市），影星

岛崎俊郎（高知市），影星

间宽平（宿毛市），喜剧演员

广末凉子（高知市），影星

白田久子（高知市），演员

山崎真理（高知市），喜剧艺人

体育界

入野贵大（香南市），东北乐天金鹰队队员

木下拓哉（高知市），中日龙队队员

公文克彦（芸西村）北海道日本火腿斗士队队员

藤川球儿（高知市），阪神虎队队员

二神一人（大月町），阪神虎队队员

和田恋（土佐町），读卖巨人队队员

江本孟纪（香美市），棒球评论家

枥煌山雄一郎（安芸市），大相扑运动员

高知县

高知县特有的风味美食

鲣鱼土佐造

这是一种将处理后的鲣鱼用大火烘烤后进行冷却,做成鱼块,就着调料汁和佐料吃的食物,也是一种叫作"炭烧鲣鱼"的刺身。据说,原来这是渔夫们吃的料理,也有人说这是因为土佐藩主山内一丰为防止他的臣民食物中毒而禁食生食,所以臣民就想出了这种吃法。

这道料理用火的方法各有不同,可以在生的鲣鱼上撒上粗盐,用稻草烘烤;也可以在鲣鱼热着时用刀切开,放入佐料,味道最佳。

皿钵料理

若说高知人招待客人时的宴席料理,非皿钵料理莫属。它是一种将好几种料理拼放在一个浅平大盘子里的美食。

一般都是刺身拼盘,有时也会有一些蒸过的鲷鱼、挂面、小豆粥、水果等的拼盘，各种食物色彩多样。吃宴席料理时，客人一般会根据自己的喜好自取食物。

酒盗

人们把腌咸了的鱼的内脏叫作"酒盗"，其他地方的人一般使用金枪鱼、鲑鱼、鲷鱼等鱼的内脏，高知县人主要使用鲣鱼。

其具体做法是：把鲣鱼的内脏用水洗干净，先用盐腌半年，腌出鲜味，将腌好的内脏与当地出产的酒、蜂蜜、日式甜料酒、洋葱等一起剁碎再腌上。

因为这种酒非常适合当下酒菜，哪怕是盗酒人都忍不住想喝，所以就有了"酒盗"这个名字。

中国游客不可错过的高知县景点

竹林寺庭园

在高知市五台山有一座真言宗智山派的寺院——金色院竹林寺。

据说,唐朝圣武天皇曾梦见自己在五台山叩拜了文殊菩萨,于是下令命僧人行基寻找与五台山相似的山。行基搜遍群山,悟到这里是块灵地,于是就在栴檀树上刻了文殊菩萨像,在山上修建了佛堂,安置了文殊菩萨像。之后,8世纪初期空海(弘法大师)长期居住在此修行,并修复了殿堂和佛塔。

1318年,临济宗的僧人梦窗疎石于竹林寺居住时,建造了这座庭园。北边庭园的景色具有南国的风格,西边庭园的景色则模仿了中国江西省的庐山和阳湖。

竹林寺庭园和佐川町的乘台寺庭园、清源寺庭园,一起被称为土佐的三大名园。

青龙寺

据说青龙寺是 815 年由空海建造的一座古刹,位于土佐市,正式的名字为独钴山伊舍那院青龙寺。空海为了缅怀唐朝,于是建造了一座与中国青龙寺同名的寺院。

关于这个背景,还有这样的传闻:据说是在空海要坐船去中国时,遇到了猛烈的暴风雨,这时不动明王出现,他用剑劈开了海浪,让空海逃离灾难。波切不动像的由来,据说就是空海在思考当时发生的事情时,脑海中浮现的不动明王的样子。

江户时代初期,这里一度荒废。1644 年,土佐藩第二代藩主山内中义将它翻新,但 1707 年青龙寺又在地震和海啸中受到破坏,后来又在江户末期被重建,直至今日。

五位山公园

这是位于佐川町的一处公园,是市民们休闲娱乐的场所。

公园的一角,有一座徐福的彰显碑。据说徐福受秦始皇之命,带领三千多船员、技术人员等乘船去遥远的"东方三神山"寻求长生不老药。公园的前方耸立着的是虚空藏山,徐福一行人所乘坐的船就是在那里的海上遭遇的暴风雨。在海中漂泊的他们看到虚空藏山,误认为这里有可能就是有长生不老药的蓬莱山,于是就在此登陆。1990 年,人们在这里立了一块碑,在碑上叙述了徐福的事迹。

与中国省市结成友好城市的行政自治体

高知县——安徽省

1985年,安徽省经济贸易考察团访问高知县,双方就经济技术合作进行商议,同时也约定扩大今后的合作交流。之后,双方相互接受彼此的海外技术研修员、互派访问团等,推进了在行政方面的交流。另外,县政府所在地高知市与安徽省芜湖市结成友好城市,民间的交流也较为频繁。1994年11月,两地结成友好城市。

高知市——芜湖市(安徽省)

1984年4月,高知市收到芜湖市的邀请,他们以市长为团长的代表团访问问了芜湖市,受到了热烈欢迎。高知市也邀请芜湖市的友好访问团,实现了两市市长的会谈。1985年4月,双方协议正式签约成为友好城市,在教育、环境、港湾、报纸、中小企业、观光、茶道等各个领域进行广泛地友好交流。2005

年,双方结成友好城市20周年,高知市接待了芜湖市的代表团,还在纪念仪式典礼之外举办了"芜湖展""书法交流展"活动。

四万十市——亳州市(安徽省)

1993年,当时旧中村市下大力气发展健康增进复合设施"东洋医学之源",并在推进此事业之时,该市的市民医院与安徽省卫生厅签订了医疗交流协定,同时在产业、文化等领域的交流得到深化。1997年5月,双方签订友好城市协议。2005年4月,中村市和西土佐村合并成为四万十市,四万十市继续与亳州市成为友好城市关系。